ଏ ନୁହେଁ ମୋର ଦେଶ

ଏ ନୁହେଁ ମୋର ଦେଶ

କେଦାର ମିଶ୍ର

BLACK EAGLE BOOKS
2020

BLACK EAGLE BOOKS

USA address:
7464 Wisdom Lane
Dublin, OH 43016

India address:
E/312, Trident Galaxy, Kalinga Nagar,
Bhubaneswar-751003, Odisha, India

E-mail: info@blackeaglebooks.org
Website: www.blackeaglebooks.org

First International Edition Published by
BLACK EAGLE BOOKS, 2020

E NUHEN MORA DESHA
by **Kedar Mishra**

Copyright © **Kedar Mishra**

All rights reserved. No part of this publication may be reproduced, stored in a retrieval system, or transmitted, in any form or by any means, electronic, mechanical, photocopying, recording or otherwise without the prior permission of the publisher.

Cover & Interior Design: Ezy's Publication

ISBN- 978-1-64560-121-0 (Paperback)

Printed in United States of America

ସମର୍ପଣ

ସବୁ କବିତା ତୋ ପାଇଁ, କେବଳ ତୋ ପାଇଁ।
ତୋତେ ମୁଁ ଭସାଇଦେବି ସରୁନଥିବା ଅନ୍ଧାରର ନିଶୂନ ପ୍ରବାହରେ
ତୁ ମୋର ଅନ୍ଧାର ଆଜି
ତୁ ମୋର ସେହି ନିଖୋଜ ଆତ୍ମାର ଠିକଣା
ତୁ ମୋର ଅସରନ୍ତି ଭୋକର ମଗ୍ନନଦୀ
ତୁ ମୋର ମହ ମହ ମହକୁଥିବା ଦୟଣାପତ୍ରର ଉପତ୍ୟକା।
ତୁ ଆଞ୍ଜୁଳା ପାତି ଠିଆ ହୋଇଥିବା ମୋର ପ୍ରାର୍ଥନା ବେଳର ପବିତ୍ରତମ କାମନା
ତୁ ଯୂଇ ଡାଳରେ ପ୍ରଥମ ଆଷାଢ଼ର ଶିହରଣ
ତୁ ରକ୍ତର ଦୋ ଦୋ ଚିହ୍ନା ହେମନ୍ତ ମାସ
ତୁ ମୋର ନିଃଶବ୍ଦ ହୋଇଯିବାର ଚିରସ୍ଥାୟୀ କବିତା।
ତୁ କବିତା, ତୋ ଲାଗି ମୋର ସବୁ କବିତା।

- କେଦାର

କୃତଜ୍ଞତା

ଏ କବିତା ବହିର ନାଁ ବାଛିଥିଲେ ପ୍ରିୟ କବି ଗିରିଜା ବଳିୟାର ସିଂ। "ମସ୍ତ କଲନ୍ଦର" କବିତା ପଢ଼ି ସେ ଫୋନ୍‌ରେ କହିଥିଲେ, କେଦାର! ତମ ନୂଆ ବହିର ନାଁ "ଏ ନୁହେଁ ମୋର ଦେଶ" ରଖିବ। ଏହି ନାଁ ଲାଗି ଗିରିଜା ଭାଇଙ୍କୁ ଧନ୍ୟବାଦ।

ଏ କବିତା ଛାପିଥିବା ସବୁ ପତ୍ର ପତ୍ରିକାର ସମ୍ପାଦକଙ୍କ ପାଖରେ ମୁଁ କୃତଜ୍ଞ।

ଏବେବି ଓଡ଼ିଆ ସାହିତ୍ୟରେ ଚିଠି ଲେଖୁଥିବା ପାଠକ ଅଛନ୍ତି। କବିତା ପଢ଼ି ଚିଠି ଲେଖୁଥିବା ପାଠକମାନେ ମୋତେ ଦେବତା ଭଳି ଲାଗନ୍ତି। ସେମାନଙ୍କୁ ପ୍ରଣାମ।

ମୋ ମଝିଆଁ ମାମୁ ଗୌର ଚରଣ ଶତପଥି ମୋ କବିତାର ଆଦ୍ୟ ପ୍ରେରଣା। ମାମୁ ଲେଖୁଥିଲେ, ତାଙ୍କ ଗୀତଖାତା ଦେଖି ମୁଁ ବି ଲେଖିଲି। ଗୋଟେ ସମୟରେ ମାମୁ ତାଙ୍କ ପାଖରେ ଥିବା ପ୍ରାଚୀନ ଓଡ଼ିଆ କବିମାନଙ୍କର ସବୁ ଗ୍ରନ୍ଥାବଳୀ ମୋତେ ଦେଇ କହିଥିଲେ- ଏସବୁ ଏବେ ତମ କାମରେ ଆସିବ। ସେ ସବୁ କେବଳ ବହି ନଥିଲେ, ସେମାନେ ମୋ ପରମ୍ପରାର ବ୍ୟାସଗାଦି। ମୋର ପ୍ରତିଟି କବିତାରେ ମୁଁ ଭାବେ, ଏଇଟା ମୋ ଲାଗି ମାମୁଘରର ଉତ୍ତରାଧିକାର। ମଝିଆଁ ମାମୁ!! ତମକୁ ମନେ ପକାଉଛି।

ଏ ବହି ଛାପିବା ଲାଗି ବାରମ୍ବାର ଆଗ୍ରହ, ତାଗିଦ ଓ ଆଦେଶ ଦେଇ ଆସିଥିବା କବି ଏବଂ ପ୍ରକାଶକ ସତ୍ୟ ପଟ୍ଟନାୟକଙ୍କୁ ଅନ୍ତରରୁ କୃତଜ୍ଞତା।

ସୂଚୀପତ୍ର

ମସ୍ତ କଲନ୍ଦର	୧୩
ଅଗ୍ନି ମଲ୍ଲାର	୧୫
କବିତା ଲେଖି ହେଉନି	୧୬
ତୋର ଠିକଣା ଖୋଜୁ ଖୋଜୁ	୧୮
ବର୍ଷା ସ୍ୱପ୍ନ	୨୦
ମୁଁ ଓ ମୋର ଅନ୍ଧାର	୨୧
ମେଘଦୂତ	୨୨
ଦୃଶ୍ୟପୂର୍ବ	୨୩
ପ୍ରେମ ମାଳିକା	୨୪
ଅନ୍ଧାରର କମ୍ପନ ଇ ଆମର ଶେଷଗୀତ	୨୫
ଆମର ପୃଥିବୀରେ ତମର ରକ୍ତ ଫୁଲ ହୋଇ ଫୁଟିଛି	୨୭
କେବେ କେବେ ଜୀବନ ଏମିତି ଢାଳି ହୋଇଯାଏ	୨୯
ତୁ ଆଉ ମୁଁ	୩୦
କଥାବାର୍ତ୍ତା	୩୧
ବର୍ଷା ବରଣ	୩୩
ମଧୁର ବିଷର ସମୟ	୩୪
ଚରିତ୍ରହୀନ	୩୬
ଏ କେଉଁ ସକାଳ ଧନ !!	୩୮
ଏ ତୋର ବଧୂ ବେଶ	୩୯
କବିତା; ଅର୍ଦ୍ଧେକ କଳ୍ପନା ପୁଣି ଅର୍ଦ୍ଧେକ ଶୂନ୍ୟତା	୪୦
ଗଛ ପରି ଏ ମୋର ଜୀବନ	୪୩
ଚିତ୍ରଘର	୪୫
ଚୁମ୍ବନ	୪୬
ତୁ ସୂର୍ଯ୍ୟମୟୀ !!	୪୮

ଦଙ୍ଗାକାରୀ	୫୦
ପ୍ରାର୍ଥନା ପାଇଁ କିଛି ଅନାବନା ଶବ୍ଦ	୫୨
ପ୍ରେମ ନଥିବା ଏ ସହର ଆମର ନୁହେଁ	୫୪
ପ୍ରେମ; ପାଷାଣ ଇତିହାସ	୫୬
ପ୍ରେମଘର	୫୮
ପ୍ରେମର ସନ୍ଧିଆନ	୬୦
ରାତ୍ରିମାୟା	୬୨
ଶାହିନବାଗ	୬୪
ଅନ୍ଧାରର ଗୋଲାପ ବଗିଚା	୬୬
କଟକ ଇତିହାସ	୬୮
ଦେଶ-ପ୍ରେମ	୭୦
ଦେହ; ପକ୍ଷୀଙ୍କ ମାନଚିତ୍ର	୭୨
ପ୍ରେମ; ବାଟବଣା ଲହ	୭୪
ଆଧାର କାର୍ଡ	୭୬
ଘର ଖୋଜା	୭୮
ଜହ୍ନରାତିର ଘର	୮୦
ତମର ନଥିବା	୮୨
ପ୍ରେମାଳାପ	୮୪
ପୁରୁଷ	୮୬
ଏବେ ଯୁଦ୍ଧକୁ ଯିବାର ବେଳ	୮୭
କରୁଣ ରସର କବିତା, କେବେ ନୁହେଁ	୮୯
ଘର ଓ ଘରଚଟିଆ	୯୦
ଦହନକୁ ନେଇ ବାସ୍ମୀ ର କବିତା	୯୧
ଦେଶଦ୍ରୋହୀର ଜାତୀୟ ସଂଗୀତ	୯୨
ନିଜ ପାଇଁ ଏକ ଚିଠି	୯୪
ନିର୍ମମ ବାସ୍ମାର କବିତା	୯୬
ଭଙ୍ଗା ଦର୍ପଣରେ ତଥାପି ଏକ କାହାଣୀ	୯୭
ମାଁ	୯୮

ମସ୍ତ କଲନ୍ଦର

ମୋ ଭିତରେ ମୁଁ ନାହିଁ ରେ ବାଇଆ !!

ଏଇ ଗଛ ମୁଁ, ପତର ହୋଇ ଫୁଟିଛି ଡାହିରେ ଡାହିରେ
ନେ' ମୋର ମହକ
ନେ' ମୋର ସୁଆଦ
ନେ' ମୋର ରସ ଓ ସସ
ମୁଁ ମୁଠାଏ ଧୂଳି ତୋର ପାଦତଳେ
ମୁଁ ବାଇଆ ପବନର ଚଳ ଚଞ୍ଚଳ ଆଙ୍ଗୁଠି ପହଁରୁଛି ତୋର ବେଣୀରେ।

ଏଇ ଚିନିଚମ୍ପାର ପାଖୁଡ଼ା ମୁଁ
ଏଇ ନଦୀର ବୁଲାଣି ମୁଁ
ଏଇ ଯୌବନର ଜ୍ୱଳନ ମୁଁ
ଏଇ ନଥିବାପଣର ସୂର୍ଯ୍ୟମୁଖି ମୁଁ
ମୋ ଭିତରେ ତୁ ନଥିବାର ମହାଶୂନ୍ୟ ମୁଁ
ଭୋକ ଭିତରେ ଟୋପାଏ ଗୀତର ଉଚ୍ଛ୍ୱାସ ମୁଁ
ତୋର ଅନ୍ଧାର ପାପୁଲିରେ ରେଖାଏ ଜହ୍ନରାତି ମୁଁ।

ଚାଲି ଚାଲି ଥକି ଆସିଥିବା ପାଦରେ ପାଗଳ ହୋଇ ନାଚିବାର ଅଭିଳାଷ
ତାକୁ ନଚାଉଥିବା ଢୋଲକ୍‌ର ତାଧିନ୍ ଧିନ୍ଦା ମୁଁ
ଆଖି ଲୁହରେ ଅଣୁଏ ଦର୍ପଣ ମୁଁ
ମୋର ମୃତ୍ୟୁଘଟରେ ଜୀବନର ବୀଜାଂକୁର ମୁଁ।

ମୁଁ ମୋର ନୁହଁ କି ତୋର ବି ନୁହଁ
ମୁଁ ଓ ତୁ ମିଶି ଗଲେ ଆକାଶରେ ଚମକେ ଯେଉଁ ବିଜୁଳି ସେଇ
ବିଜୁଳିର ଚକ୍‌ଚକ୍ ଚୁମ୍ବନ ମୁଁ।

ତୋତେ ନେଇ ମହୋତ୍ସବ ମୋର ଭୋକ ଓ ଦୁଃଖରେ
ଜରୁଆ ପାଟିରେ ତୁ ମୋର ଶାଗୁଦାନାର ସୁଆଦ
ତୁ ପାଚି ଆସୁଥିବା ଘା' ଉପରେ ଗୁଆ ଘିଅର ସ୍ପର୍ଶ
ତୁ ଗୀତ, ତୁ ଗମାତ, ତୁ କରୁଣ ରସ
ତୁ ଡେଣା ଭିତରର ଆକାଶୀ ଚଳଚିତ୍ର
ତୁ ମୋରଭଲପାଇବା ଆଗରେ ଗୋଟେ ବିକଳ ଛଦ୍ମବେଶ।

ମୁଁ ମୋର ନୁହଁ ବୋଲି ଜାଣିଗଲା ପରେ ତୁ ମୋର ପିଣ୍ଡ ସାରା
ଉଡୁଥିବା ଧୁଳି ଓ ପାଉଁଶ।

ବାଇମନ ରେ!! ଫେରିଚାଲ୍, ଏ ନୁହଁ ଆମର ଦେଶ!!

ଅଗ୍ନି ମଲ୍ଲାର

ସାରା ରାତି ବର୍ଷା, ନିଆଁ କିନ୍ତୁ ଯେମିତି କି ସେମିତି ।

ରାତି ସାରା ଝୋ ଝୋ ବର୍ଷା
ପର୍ବତ ଉପରେ ଏକାକାର ଚାରି ମେଘ
ଅଥଚ ରାସ୍ତାରେ ଯେମିତି କି ସେମିତି ସତେଜ ରକ୍ତ
ପାହାଡ ଆଡକୁ ଲମ୍ବି ଯାଇଛି ଶୁଖୁ ନଥିବା ରକ୍ତର
ସେ ଯାଯାବରୀ ରାସ୍ତା ।

କେବେ ଏଇଠି ସୂର୍ଯ୍ୟୋଦୟ ହେଇଥିଲା, କାହାର ମନେ ନାହିଁ
ଅନ୍ଧାର ଭିତରେ ଅନବରତ କଂଚା ବାରୁଦର କୋଳାହଳ
ଛାତି ଉପରେ ଭାରୀ ବୁଟ୍‌ର ଦମ୍‌ଦମ୍ ଚାଲି
ହସପିଟାଲ୍‌ରୁ ଆକାଶ ଆଡକୁ ଘୂର୍ଣ୍ଣୀ ହେଇ ଉଠିଯାଉଥିବା ଯନ୍ତ୍ରଣା ।

ବର୍ଷା ଓ ଯନ୍ତ୍ରଣା ପରସ୍ପରକୁ ବିଦାୟ ଦିଅନ୍ତି ମଝି ଆକାଶରେ ।

ଏ ଉପତ୍ୟକାରେ ଅନେକ ଅନ୍ଧ ଆଖି ଓ ଲାଲମୁହାଁ ବରଫ
ଏ ମାଟି ଉପରେ ଆକାଶମୁହାଁ ମୃତ୍ୟୁର ପାଇନ୍ ଗଛ ।

ବର୍ଷାରେ ଓଦା ସରସର ଏଇ ଦେଶ
ଦେଶ ନୁହଁ ତ, ନାଲି ଗାରର ରେଖା ଭିତରେ କାନ୍ଦ ଓ ଚିତ୍କାର
ଓ ଆଖିକୁ ବିନ୍ଧୁଥିବା ବନ୍ଧୁକର ସନ୍ତ୍ରାସ ।

■

କବିତା ଲେଖି ହେଉନି

ଲେଖିବା ପାଇଁ ହାଡ ଦରକାର, ଅଛି
ଦରକାର ନରମ ତ୍ୱଚାର ଫର୍ଦ୍ଦେ କାଗଜ, ଅଛି
ଗୋଟେ ଶୁଖିଲା ଡେଙ୍ଗର ଘା', ଅଛି
ତଥାପି କବିତା ଲେଖି ହେଉନି।

ଧଳା ରାତିର ମାର୍ବଲ ଏବେବି ଚକ୍‌ଚକ୍ ମୋର ଚଟାଣରେ
ତମେ ଆସୁଛ ବରଫର ରାସ୍ତାରେ
ତମକୁ ଦେବାଲାଗି ଛାତିରେ ଛାତିଏ ନିଆଁ, ଅଛି
ତମର ବନ୍ଦାଣ ଲାଗି ରକ୍ତର ତତଲା ମନ୍ଦାର, ଫୁଟିଛି
ତମର ଆଖିରେ ଶୁଏଇଦେବାକୁ ଏ ଜଗତର ଯେତେକ ଯାତନା
ଟୋପାଏ ଅନ୍ଧାରି କଜ୍ଜଳ, ମୋର ଆଙ୍ଗୁଠି ଟିପରେ ଅଛି
ହେଲେ କବିତା ଲେଖି ହେଉନି କାହିଁକି ?

ପରାସ୍ତ ରାଜା ଏବେ ବାହୁନି ବାହୁନି କାନ୍ଦୁଛି ରକ୍ତ ନଦୀର କିନାରାରେ
ସହର ବୁଲି ଜଙ୍ଗଲକୁ ଫେରି ଯାଇଛି ଚିତାବାଘ
ଗୁଳି ବାଜି କେହି କୁଆଡେ ମରି ନାହାନ୍ତି
ଖାଲି ଯାହା ଘା' ଚରି ଯାଉଛି ଆମର ପୃଥିବୀରେ
ଏତେ ରକ୍ତ, ଏତେ ଗୁଳି
ବାଘ ଅଛି, ସହର ଓ ଜଙ୍ଗଲ ବି ଅଛି
ପରାଜୟ ଅଛି, ଅଛି ବି ରକ୍ତ ନଦୀ ଓ ପରାସ୍ତ ରାଜା
ହେଲେ, କବିତା କାଇଁ ଦୃଶ୍ୟମାନ ହେଉନି କେଉଁଠି।

ତମେ ଆସିଲେ ଆସିବାର କଥା କବିତା
ତମର ଦୁଆରବନ୍ଧରେ ଜଳୁଥିବା ସେ ଅଦ୍ଭୁତ ସାଇଜର ଏଲଇଡି ବଲ୍‌ବ
ତାରି ଆଲୁଅ ହିଁ ପ୍ରଥମ ଅକ୍ଷର ଆମ କବିତାର
ତମେ କାନ୍ଦିବା ଓ କାନ୍ଦୁକାନ୍ଦୁ ହସିପକେଇବା

ସେତକ ଇ ତ ଏକମାତ୍ର କବିତା ଆମ ସମୟର ।
ହେଲେ କବିତାର ଶବ ଶୋଭାଯାତ୍ରା ଆୟୋଜନ କରୁଛି କିଏ ?
କବିତା ଆମ ରକ୍ତରେ ଶୁଖି ଆସୁଛି କାହିଁକି ?

ତୋର ଠିକଣା ଖୋଜୁ ଖୋଜୁ

ବାରମ୍ବାର ମୁଁ ହାରି ଯାଉଥାଏ ସବୁଠି
ତୋର ଠିକଣା ଖୋଜୁ ଖୋଜୁ
ବିତି ଯାଉଥାଏ ମୋର ସୁନେଲି ଖରାର ଆୟୁଷ।

ଘନ ନୀଳ ତମାଳ ଫୁଲରେ ତୁ ଈଶତ୍ ହଳଦୀ ରଂଗର କେଶର
ତୁ ମହାନଦୀର ସୁବର୍ଣ୍ଣ ବାଲିରେ ହୀରା ମାଛର ଚୋରା ଚାହାଣୀ
ପୁରୁଣା ତାନପୁରାରେ ତୁ ଆଷାଢ଼ଶୁକ୍ଳର ରିୟାଜ୍
ହୁଏତ, ମୃତ ଟେଲିଫୋନ୍ ତାରରେ ବାକି ରହିଯାଇଥିବା
ଗୋଟେ ପ୍ରେମ କାହାଣୀର ତୁ ଭାବାଂକନ।

ମୁଁ ପଚାରି ଚାଲିଛି ତୋର ଠିକଣା
ବଦଳୁଥିବା ସମୟର ସବୁ ସଂକେତ ରେ ଖୋଜୁଛି
ତୋର ଦେହର ରେଖା ଓ ରଂଗ
ତୁ କେବେ କେମିତି ଅଧା ଇନ୍ଦ୍ରଧନୁର ଉଦାସୀ ଆକାଶ
ଆଉ କେବେ ପାତାଳଗାମୀ ଲୁହଧାର
ଅଥଚ କେଉଁଠି ବି ମିଳେନା ତୋର ସୁରାକ୍ କି ଖବର।

ସେଦିନ ରାମ୍ପରେ ଚାଲୁଚାଲୁ ଖସି ପଡିଲା ଯୋଉ ମୋଡେଲର ହୁଗୁଳା ବ୍ଲାଉଜ୍
ତାର ଅସହାୟତାରେ ବିସ୍ମିତ ତୋର ଚେହେରା
ପଲ୍ଲବୀର ତୀବ୍ର ଲୟରେ ନାଚୁନାଚୁ କ୍ଷତାକ୍ତ ହେଲା ଯେଉଁ ନର୍ତ୍ତକୀର ପାଦ
ତାର ରକ୍ତରେ ଲେଖାଥିଲା ତୋର ନାଁ
ଜଂଗଲ ଭିତରେ ବନ୍ଧୁକ ଶିଖୁଶିଖୁ ଟ୍ରିଗାର ଉପରେ ଥରୁଥିଲା ଯାହାର
ଭୟାତୁର ଆଂଗୁଠି, ସେ ଟିକେ ଟିକେ ଦେଖା ଯାଉଥିଲା ତୋ ପରି।

ତୋତେ ଖୋଜୁ ଖୋଜୁ ଲିଭି ଯାଇଛି
କେତେ କେତେ ମୋର ପରିଚୟ

ତୋତେ ଭଲ ପାଇଲି ବସୁଧା ପରି ତ ମୋତେ କୁହା ଯାଉଛି ଦେଶଦ୍ରୋହୀ
ତୋତେ ଗୀତ କରି ଗାଇଲି ବଡ ଦାଣ୍ଡରେ, ଏବେ ମୋ ନାଁ ରେ
ଯବନ ହେବାର ଅପବାଦ
ତୋତେ ବେଲୁନ୍ ପରି ଉଡ଼ାଇଦେଲି ଆକାଶକୁ
ଆଉ ଏବେ ସାରା ଆକାଶ ଆମର ପ୍ରଳୟ ।

ତୋତେ ଖୋଜିବା ଏକ ବିଡମ୍ବନା
ତୋର ଉପସ୍ଥିତି ଏକ ଶାଶ୍ୱତ ସନ୍ଦେହ ।

■

ବର୍ଷା ସ୍ୱପ୍ନ

ପ୍ରଥମ ଆଷାଢ଼ର କଦମ୍ବ ଦେଖି ଚମକି ଯାଇଥିବା ଧାରେ ବିଜୁଳି
ଆଜିବି ଗୋପନ ଅଛି ମୋର ଆଖିରେ
ଆଜିବି ଧାରେ ରକତ ଜକ ଜକ ମୋର କଦମ୍ବ ପତ୍ରରେ
ଆଜିବି ମୋର ଦେହ ସାରା ପହିଲି ଆଷାଢ଼ର ଝାଳ ଗନ୍ଧ
ଓ କଦମ୍ବ ମହକ ତମେ ପୁଷ୍କର ମେଘରେ।

ଭଣ୍ଡାର କୋଣରୁ ବର୍ଷା ଆସେ
ଯେତେବେଳେ ଦେହ ମୋର କେବଳ ବୈଶାଖ
ମୋର ବିଷାଦ, ସକାଳର ଯୋଗୀ ଥାଳ ପରି ଶୂନ୍ୟ
ମୋର ଉତ୍ତାପ, ଗୋଟେ ଖାଁ ଖାଁ ନିଶୂନ ଦିପହର
ମୁଁ ଯେବେ ବର୍ଷାକୁ ନେଇ ଭାବିବା ଆରମ୍ଭ କରେ
କଦମ୍ବ ଗଛ ତଳେ ନିଷ୍ଠୁର ଡାଳମାଳିକା ତମେ
ତମେ କୁହ, ଗ୍ରୀଷ୍ମଋତୁ ସରିବନି, ଆହୁରି ଅପେକ୍ଷା କର।

ମୁଁ ବର୍ଷାକୁ ନେଇ ସଜାଡେ ମୋର ସଂସାର
ବିଜୁଳିକୁ ନେଇ ସଜାଏ କାନ୍ଥ, କିଳିକିଳା ବଜ୍ରକୁ କରେ ଗୀତ
ଠାକୁର ଘରେ ଟଂଗାଏ ହାତୀ ପରି ଦିଶୁଥିବା କଳାମେଘର ଚିତ୍ର
ତମକୁ ଥରେ ମେଘାମ୍ବରୀ ହୁଅ ବୋଲି ପ୍ରାର୍ଥନା କରେ ଆକୁଳରେ।

ଯଦିଓ ଜାଣେ, ତମେ ମେଘ ନୁହଁ
ନାହିଁ ବି ପାଣିପାଗ ବଦଳେଇ ଦେବାର
ସମ୍ଭାବନା ତମରି ଛୁଆଁରେ।

କିଛି ବୋଲି କିଛି ନାହିଁ
ଖାଲି ଗୋଟେ ପତ୍ର ହୀନ ଫୁଲହୀନ କଦମ୍ବ ଗଛରେ ବର୍ଷା
ଖରାବେଳର ନିଷ୍ଫଳ ସ୍ୱପ୍ନରେ। ■

ମୁଁ ଓ ମୋର ଅନ୍ଧାର

ମୁଁ ମୋର ଅନ୍ଧାରରେ ଅଛି।

ମୋର ଅନ୍ଧାରରେ ଅଛନ୍ତି ମରି ଯାଇଥିବା
ଏ ପୃଥିବୀର ସତୁରି ହଜାର ଲୋକ
ଅଛି ବି ଲକ୍ଷ ଲକ୍ଷ ପୀଡ଼ିତ ଲୋକଙ୍କର ହା ହୁତାଶ
ଗୋଟେ ସର୍ବଗ୍ରାସୀ ଭୟ ଓ ରାଉ ରାଉ ଭୋକ
ପୀଡ଼ିତ ପୃଥିବୀର ନୀରବତା ରେ
ପଥର ପରି ଏ ମୋର ଅନ୍ଧାର।

କେବେ ଦିନେ ପୂରା ପୃଥିବୀ ପାଲଟି ଯିବ
ଏକ ନିର୍ଜନ ଆଇସିୟୁ
ସହର ସବୁ ମଲା ତିମିମାଛ ପରି
ପଡ଼ି ରହିବେ ଭୀଷଣ ଏକୁଟିଆ
କେବେ ଦିନେ ଆମ ରକ୍ତରେ ଶିଥିଳ
ହୋଇଯିବ ପରସ୍ପରକୁ ଛୁଇଁ ଦେବାର ପିପାସା
ନା, କବିତା କି କଳ୍ପନା ରେ କେବେ ହେଲେ
ଏମିତି ନ ଥିଲା ମୋର ପୃଥିବୀ।

ଏ ଆତଙ୍କର ଅନ୍ଧାରରେ କେବଳ
ଏକ ସରୁ ନ ଥିବା ଶବଯାତ୍ରା
ଆଜିର ଅନ୍ଧାରରେ ଜୀବନ ବୋଇଲେ
ନିରନ୍ତର ବାଜି ଚାଲିଥିବା
ଆମ୍ବୁଲାନ୍ସ ଓ ପୋଲିସ ଗାଡ଼ିର ସାଇରନ।

ମୋର ଏ ଶବମୟ ଅନ୍ଧାରରେ ଦୀପାବଳିର ଉତ୍ସବ ପାଳୁଛି ଯିଏ
ତାର ଚାରିଖୁରାକୁ ଜୁହାର!! ■

ମେଘଦୂତ

ଯାହା କହି ହେଲାନି, ତାକୁ ମେଘ କରି ଉଡ଼େଇ ଦେଲି ଆକାଶରେ ।

ମେଘରେ ଦେଖ, ଲାଖିଛି ଟୋପାଏ ବୋଲି ମୋର ରକତ
ମେଘରେ ହିରା ପରି ଉଜ୍ଜଳ ଟୋପେ ଲୁହ
ଖୁଦ କଣା, ଦରଲେଖା ଚିଠି ଓ ଅଧ ପାଶୋରା ଦୁଃଖ
ମେଘରେ ଭାସି ଯାଉଚି ଧଳା କାଗଜ ଡଂଗାର ବିତି ଯାଇଥିବା
ଜୋଛନା ଧଉଳା ରାତି
ମେଘକୁ ଦେଖି, ତମେ ମନେ ପକେଇବ କେବେ ଦିନେ
ଆମର ପୃଥିବୀ ଟିଏ ଥିଲା ଏମିତି ।

ମୋର ପରାସ୍ତ ଭାଗ୍ୟର ପୀଡା ଏଇ ଟାଂଗରା ପାହାଡ ପରି
ଖାଲି ଦୂର ଦୂର ଯାଏଁ ପଥର ଓ ଶୂନ୍ୟ ପବନ
ଖାଲି ଦୀର୍ଘଶ୍ୱାସ ଓ ତତଲା ହୁତାଶର ଯୌବନ
ସେଠୁ ମୁଁ ତମ ଲାଗି ଫୁଲ ତୋଳିବାର କଳ୍ପନା କରୁଛି
ସେଠୁ ମୁଁ ତମ ଲାଗି ପାପୁଲିରେ ଆଂକୁଛି ଗୋଟେ ଚିତ୍ରନଦୀ ।

ଭଲ ପାଇବାର ଠିକଣା ଆଗରେ ଘର କରିଛି ଯନ୍ତ୍ରଣା
ତାକୁ ତମକୁ ଦେଖେଇ ପାରିବି ନାହିଁ
ଗଣି ପାରିବି ନାହିଁ ପଥର ଉପରେ ପବନର ନିଷ୍ଠୁର ଢେଉ ମାନଂକୁ
ଭଲ ପାଉଛି ବୋଲି ଗୀତ ହୋଇ ଯାଇ ପାରିବିନି ସୀମାନ୍ତକୁ, ଯୁଦ୍ଧ କ୍ଷେତ୍ରକୁ ।

ମୋତେ ବି ବେଳେ ବେଳେ ଭଲ ଲାଗେ ଅଭିଶାପ
ତମଠୁ ଦିନେ ଦିନେ ବେଶୀ ସୁନ୍ଦର ଲାଗେ ମୋର ଯନ୍ତ୍ରଣାର ପ୍ରତିମା
ମୁଁ ସେଇଠି ବାଟବଣା ହୁଏ ପ୍ରେମରେ
ତମକୁ ଭଲ ପାଉ ପାଉ ଏବେ ଦେଖ ମୁଁ ଅଣ ମୌସୁମୀର ମେଘ
ଚିଠି ଆଉ ଲୁହ ନେଇ ଗର୍ଜୁଛି ଧଳା ରକ୍ତର ଆକାଶରେ !!!! ■

ଦୃଶ୍ୟପୂର୍ବ

ତମକୁ ନେଇ ମହକୁଥିବା ଏ ପବନ, ମୋତେ ବଞ୍ଚାଇରଖେ ଏ ପୃଥିବୀରେ ।

ମୁଁ ତମକୁ ଦେଖେ, ତମେ ଦୃଶ୍ୟ ଭିତରର ଦୃଶ୍ୟ
ତମେ ଫୁଲ ଭିତରର ଅଦୃଶ୍ୟ ନାରୀ
ତମେ ନାରୀ ଭିତରର ଅଦୃଶ୍ୟ ମେଘ
ତମେ ମେଘ ଭିତରର ଅଦୃଶ୍ୟ ମୂର୍ଚ୍ଛନା ।

ମୁଁ ତମକୁ ଭୋଗେ, ତମେ ସ୍ପର୍ଶ ଭିତରର ସ୍ଫଟିକ ।

ତମେ ଦର୍ପଣ ଭିତରେ ମାୟା
ତମେ ଛାଇ ଦେହର ପ୍ରାଣ
ତମେ ନିଦ ଭିତରେ ସୁଖ
ତମେ କ୍ଲାନ୍ତି ଭିତରେ ହଳେ ନିଦ ମଳ ମଳ ଆଖି ।

ତମକୁ ମୁଁ ବସାଏ ମୋର କୋଳରେ
ମୁଁ ଅଘୋରୀ, ତମେ ମହାମାୟା
ମୁଁ ପ୍ରାଣହୀନ ଶବ, ତମେ ପବନର କାୟା
ମୁଁ ନଥିବା ସ୍ୱପ୍ନର କ୍ଷେତ ଜଗିଥିବା ରୟତ
ତମେ ମୋର ରକ୍ତ ଫସଲର ଛାୟା ।

ମୁଁ ତମକୁ ବଞ୍ଚେ, ତମକୁ ରଚନା କରେ ମୋର ନାଡିରେ
ଅଣଚାଶ ନିଃଶ୍ୱାସରେ
ମୋର ଝଡ ହୋଇ ଉଡିଯାଉଥିବାର ବେଳା
ଏବେ ଘନୀଭୂତ ତମର ସମୁଦ୍ରରେ ।

■

ପ୍ରେମ ମାଳିକା

ମୁଁ ପାଣି ପରି
ମୁଁ ନିଆଁ
ମୁଁ ଆକାଶ
ମୁଁ ସବୁକିଛି । ମୁଁ କିଛି ବି ନୁହଁ ।

ଗୋଟେ ଭଲପାଇବାର ପୃଥିବୀ ଗଢିବି ବୋଲି ମୁଁ
ହାଡ କାଟିଛି ଦେହ ଭିତରୁ
ମୋହ କାଟିଛି ମନରୁ
ରକ୍ତରୁ ପୋଛିଛି ନାଲି ରଙ୍ଗ
ଏବେ ତୁ କହୁଛୁ, ଭଲପାଇବା କେବଳ ନିଆଁ ରେ ଅଛି ।

ମୁଁ ନିଜକୁ ପୋଡୁଛି ।

ମୁଁ ଧୂଆଁ
ମୁଁ ପାଉଁଶ
ମୁଁ ଉତ୍ତାପ ।

ମୁଁ ନିଆଁ ଓ ପାଣି ମିଶି ଅମ୍ଳଜାନ ।
ମୁଁ ଭଲପାଇବାର ଶ୍ମଶାନ ।

ଆହୁତି ଦେଉଛି ମୋର ଦେହ, ତୁ କଳଙ୍କ କହୁଛୁ ଦେହକୁ
ଉଜେଇଁ ଦେଉଛି ମୋର ପ୍ରାଣ, ତୁ କହୁଛୁ ପ୍ରାଣ ଏକ ନୀରସ ସରୋବର
ବଳି ଦେଉଛି ମୋର ମାନସ ହଂସ, ତୁ ହସୁଛୁ, ତୋ ଆଖି ରେ ଝିଙ୍ଗାସ
ମୁଁ ଏବେ ରାଗିଯାଇ ନିଜକୁ ସୂର୍ଯ୍ୟ ବୋଲି ଉଦେ କରୁଛି ପୂର୍ବ ଦିଗରେ ।

ମୁଁ ପ୍ରକାଶ,
ମୁଁ ଉଦୟ ଉତ୍ସବ,
ମୁଁ ଧଳା ରଙ୍ଗର ଅନ୍ଧାର ।

ଅନ୍ଧାରର କମ୍ପନ ଓ ଆମର ଶେଷଗୀତ

ପବନରେ ଉଡିଯାଉଥିବା ପତ୍ର ବି ଗାଇପାରେ ଚରମ ଉତ୍ତେଜନାର ଏକ ସଙ୍ଗୀତ
ତାକୁ ଅବିଶ୍ୱାସ କରନା।
ଠିଆ ହୁଅ ଓ ତାର ଗୀତ ଶୁଣ।
ଶହେ ବର୍ଷ ହେଲା ବନ୍ଦ ରହିଛି ଯେଉଁ ଲୁହା କବାଟ
ତାକୁ ଖୋଲିଲା ବେଳେ ଯେଉଁ ଘାଗଡା ଗଳାର ଚିତ୍କାର
ତା ଭିତରେ ବି କମନୀୟ ଗଜଲ ପଦେ ଅଛି
ଅଛି ବି ଅନ୍ଧାର ପିଇ ପଡିରହିଥିବା କଳଙ୍କିଲଗା ଲୁହାର
କରୁଣ ରସ, ତାକୁ ଅନାଦର କରନା।

ଚାଲ, ଆମର ପାପୁଲି ରେ ଆମେ ଘେନିଯିବା ଏ ଅନ୍ଧାରକୁ
ଅନ୍ଧାରରେ ଗଢିବା ଆମର ଘର
ତମେ ଅନ୍ଧାର ରଙ୍ଗରେ ସାଜିବ ତମର ଆଖି
(ଆରେ ହଁ, ତମର ମନେ ଅଛି, ସେ ଦୀପାବଳିର ରାତିରେ
ତମେ ପିନ୍ଧିଥିଲ ପାଉଁଶିଆ ଅନ୍ଧାର ରଙ୍ଗର ଏକ ଶାଢୀ)
ଅନ୍ଧାର ଫୁଲ ହୋଇ ଫୁଟିବ ତମର ବେଣୀରେ
ତମେ ଓ ମୁଁ ମିଶି ଗଢିବା ଅନ୍ଧାରର ଏକ ନିବିଡ ପୃଥିବୀ।

ଆମ ଅନ୍ଧାର ର ବି ଗୋଟେ ସୂର୍ଯ୍ୟ ଅଛି
ଆମ ସୂର୍ଯ୍ୟର ବି ପୃଷ୍ଠାଏ ଅନ୍ଧାର ଅଛି।

ଦେଖ, ତମେ କବାଟ ଖୋଲୁ ଖୋଲୁ ମୁଁ ତମ ଘର ଆଗରେ ବିଛେଇ ହୋଇ ପଡିଛି
ଆଶ୍ଚର୍ଯ୍ୟ ଶୀତଋତୁର ଗୋଟେ ବରଫ ଚାଦର
ମୁଁ ତମର ଦେହରେ ପଶି ଯାଉଛି ଶୀତ ପରି
ଥୁରୁ ଥୁରୁ କମ୍ପୁଛି ତମର ହାଡରେ
ମୁଁ ନିଆଁର ଝଲକାଏ ସ୍ଫୁଲିଙ୍ଗ
ତମ ଦେହ ଭିତରର ଅଚିହ୍ନା କମ୍ପନରେ।

ଏ କମ୍ପନକୁ ନେଇ ଗୀତ ଲେଖିବ ତମେ
ଏ କମ୍ପନରେ ରହିବେ ଜଗଜିତ ସିଂ ଓ ମାଇକେଲ ଜ୍ୟାକସନ
ଏ କମ୍ପନରେ ରହିବେ ବଡେ ଗୁଲାମ ଅଲି ଓ ସେ ଅଚିହ୍ନା ମରୁଭୂମିର ଦରଓ୍ୱିସ
ଏ କମ୍ପନରେ ରହିବ ମନ୍ଦିର ଓ ମଜାର
ଏ କମ୍ପନ ଆମର ସମୁଦାୟ ଅନ୍ଧାରର କବିତା ପରି ସାରାଂଶ।

ତମେ ତାକୁ ସେଦିନ ଗୀତ କରି ଗାଇବ, ଯେଉଁଦିନ ମୁଁ ତମର ଛାତିରେ ମରି ଯାଇଥିବି
ଓ ମୁଁ ଶୋଇଯାଇଥିବାର ଭ୍ରମରେ ତମେ ମୋତେ ଲୋରୀ ଶୁଣାଉଥିବ !

■

ଆମର ପୃଥିବୀରେ ତମର ରକ୍ତ ଫୁଲ ହୋଇ ଫୁଟିଛି

ତମକୁ ମାରିବା ଏତେ ଦୁରୂହ ଯେ ଆଜି ବି ତମକୁ କେହି କେହି ମାରି ଚାଲିଛନ୍ତି ।

ସେଦିନ ତମେ ରକ୍ତନଦୀରେ ଭାସିଗଲାବେଳେ ସେମାନେ କଣ ଜାଣିଥିଲେ ଯେ
ତମେ ପୁଣି ଫେରି ଆସିବ ଅନେକ ଜୀବନ ନେଇ
ହେ ରାମ, କହି ଚାଲି ଯାଇଥିବା ତମର ଶେଷ ନିଃଶ୍ୱାସ
ଏମିତି ଝଡ ପରି ଉଠୁଥିବ, ଏକଥା ତମର ଆତତାୟୀ କଳନା କରିନଥିଲା ।
ତମେ ବାରମ୍ବାର ଠିଆ ହେଲ ବାଡି ଖଣ୍ଡେ ଧରି ଆମ ଆଗରେ ।

ଆମର ସୁଷୁପ୍ତ ସହରରେ ତମର ଦମ ଦମ ଚାଲି
ଆମର ଲୋଭୀ ଶାଗୁଣା ହେବାର ମାନଚିତ୍ରରେ ତମର ନମ୍ର ଧିକ୍କାର
ଆମର ସବୁ ଅବାଞ୍ଛିତ ଇଚ୍ଛା ଆଗରେ ତମର ଆଗ୍ନେୟ ରାମଧୂନ ।

ବେଳେ ବେଳେ ଆମେ ତମକୁ ନିର୍ବାସିତ କରିବାକୁ ଚାହିଁଛୁ ଆମ ନକ୍ସାରୁ
ଯାଅ, ଆମର ଏ ହିଂସ୍ର ସହରରେ ତମର କୌଣସି କାମ ନାହିଁ
ଯାଅ, ଆମର କଳା ଓ କଳଙ୍କରେ ତମର କୌଣସି ଭାଗ ନାହିଁ
ଯାଅ, ଆମର ତରଳୁଥିବା ଲାଳ ଓ ଲଜ୍ଜାକୁ ତମେ ଝିଙ୍ଗାସ କରନାହିଁ ।

ତମକୁ ମାରିଦେଇ ଆମ ଭିତରୁ କେତେ ଜଣ କହିଲେ, ତମେ ଇ ଥିଲ ଆମ
ପୃଥିବୀର ସବୁଠୁ ବଡ ଅପରାଧୀ
ତମେ ହାସିଲ ଓ ତମକୁ ମାରିଥିବା ଲୋକଙ୍କ ଭିତରେ ଜୀବନ ହୋଇଗଲ ।
ଆଜି ବି ସେ ଦଙ୍ଗାକାରୀଙ୍କ କଳା ହୃଦୟରେ ତମେ ଲୁଚିରହିଥିବା ବିବେକ
ଆଜି ବି ତମେ ଘୃଣାର ବେପାରୀଙ୍କ ଆଖିରେ ଭଲ ପାଇବାର ଚମକ
ଆଜି ବି ତମକୁ ମାରି ପାରିନଥିବାର ହତାଶାରେ ଅପମାନିତ ତମ ହତ୍ୟାକାରୀର ବେକ ।

କେତେ ହଜାର ଥର ସେମାନେ ମାରିଛନ୍ତି ତମକୁ
ସବୁଥର ତମେ ଠିଆ ହୋଇଛ ତମ ରକ୍ତ ବେଢାରୁ
ସବୁଥର ତମେ ତାଙ୍କୁ ଶୁଣେଇଛ ଘାଗଡା ଗଳାରେ ରାମଧୁନ
ସବୁଥର ସେମାନେ ମଣିଷ ନହେବାର ଗ୍ଲାନିରେ ହାରି ଯାଇଛନ୍ତି ତମ ଆଗରେ ।

ଅଦ୍ଭୁତ ତମେ, ଯେତେଥର ବନ୍ଧୁକ ଉଠେଇ ସେମାନେ ତମକୁ ମାରିବାକୁ ଆସୁଛନ୍ତି
ସେତେଥର ତମେ ପତେଇ ଦେଉଛ ତମର ଛାତି
ତମର ଛାତି, ଏବେ ଧଳା ଲୁଗାରେ ଘୋଡେଇ ଶୋଇଥିବା ଆମର ବସୁନ୍ଧରା
ମୃତ୍ୟୁକୁ ଅତିକ୍ରମ କରିଥିବା ତୁମର ହସ
ଆମର ଜଗତ ଲାଗି ଭଲ ପାଇବାର ଏକମାତ୍ର ଇଶାରା ।

ତମର ରକ୍ତଛିଟା ଆମର ପୃଥିବୀ ଲାଗି ଗୋଟେ ବିଚିତ୍ର ପ୍ରେମର ଚାରା ।

■

କେବେ କେବେ ଜୀବନ ଏମିତି ଢାଳି ହୋଇଯାଏ

ତମ ପାପୁଲିରେ ମୋର ଜୀବନ ଢାଳି ଦେଲି, ନିଅ।

ଜୀବନ, ଟୋପେ ପାରଦ ପରିକା ଜହ୍ନରାତି
ଜୀବନ, ପ୍ରଥମ କଞ୍ଚା ସୁଆଦି ଆମ୍ବର ବାସ୍ନା
ଜୀବନ, ତମ ଶାଢୀ ଉପରେ ଢଳି ଢଳି ଅଳସ ଭାଙ୍ଗୁଥିବା ରାଜହଂସ।

ତମ ପାପୁଲିରେ ଦେଲି ନିଜକୁ, ଦେଲି ମୋର ଆକାଶ ଓ ମାଟି
ଦେଲି ମୋର ଦେହ ମରିଗଲା ପରର ଶୂନ୍ୟ ପବନ
ଦେଲି ମୋର ଅତୃପ୍ତ ଶିହରଣର ମିଠା ମିଠା ଆତଙ୍କ।

ମାଟି ଚକଟି ମୋର ମଣିଷ ହେବାର ବେଳା, ତମକୁ ଦେଲି
ମଞ୍ଜି ଫିଟେଇ ଅଙ୍କୁର ହେବାର ସାହସ, ତମକୁ ଦେଲି
ତାଲୁ ଫଟେଇ ସୂର୍ଯ୍ୟ ହେବାର ତପସ୍ୟା, ତମକୁ ଦେଲି
ରକ୍ତ ନିଗାଡି ଗାରେ ସିଂଦୂର, ତମକୁ ଦେଲି
ହାଡକୁ ପାଲିସ କରି ଦି ପଟ କାଚର ଶଙ୍ଖା, ତମକୁ ଦେଲି
ମୋର ଥିବା ଓ ନଥିବାର ସମର୍ପଣ, ତମକୁ ଇ ଦେଲି।

ଏବେ ମୋର ବୋଲି କିଛି ନାଇଁ
ତମର ଉଦାସ ଆଖିରେ ମୁଁ ଶୁଖି ଯାଇଥିବା ଧାରେ ଅବାଞ୍ଛିତ ଲୁହ
ମୁଁ ତମ ଭିତରେ ତମକୁ ବଞ୍ଚୁଥିବା ତମର ଇ ଦେହ।

ତମକୁ ଦେଲି ବୋଲି, ମୁଁ ନିଜେଇ ନିଜକୁ ପାଇଲି।

■

ତୁ ଆଉ ମୁଁ

ଏଇ ମୁଠାଏ ପାଉଁଶ।
ଏ ତୋର ନୀଳ ଅରଣ୍ୟର ପାପୁଲିଏ କୁହୁଡି।

ଏଇ ତୁ, ଏଇ ମୁଁ।

ଏଇ ସେ ପୋଡି ଯାଇଥିବା କାଠର ପାଉଁଶିଆ ଜୀବନ।
ଏଇ ସେ ସୁନା ତରଳି ତିଆରି ହୋଇଥିବା ଆମ ପ୍ରେମର ଉଦୟାଚଳ।
ଏଇ ଝରଣାର ସୋରାଏ ଗୀତ।
ଏଇ ତୋର ବେଣୀ ତଳେ ଫୁଟୁଥିବା ମଧୁମାଳତିର ନିଶ୍ୱାସ।
ଏଇ ତୋର ଆଖିର କବିତାମୟୀ କଜ୍ଜଳ।

ଏଇ ତୁ, ଏଇ ମୁଁ।

ଏଇ ଆମର ତିନୋଟି ମହାଦେଶର ଦୂରତା,
ଏଇ ଆମର ଅଭେଦ୍ୟ ନିବିଡତାର ଆଶ୍ଚର୍ଯ୍ୟ ଶୃଙ୍ଗାର।
ଏଇ କୋଣାର୍କ।
ଏଇ ଗଜଲରୁ ଝରି ପଡିଥିବା ପଦେ ମୁଲାଏମ ବିଷାଦ।
ଏଇ ସାନ ଘାଗରାରେ ତୁ ଉଠେଇଥିବା ଖୋଜିଲା ଆଖିର ଫଟୋଗ୍ରାଫ।

ଏଇ ତୁ, ଏଇ ମୁଁ।

ଏଇ ଆମର କାହାଣୀ ଭିତରେ ମିଠା ଆମ୍ବର ସୁଆଦ।
ଏଇ ଆମର ଛାତିରେ ଛାତି ମିଶି ଚମକୁଥିବା ଜ୍ୱାଳାମୁଖିର ଲାଭା।।

ଏଇ ତୁ, ଏଇ ମୁଁ।
ଏଇ ଆମର ମୋକ୍ଷ।
ଏଇ ଆମର ସେଇ ସହର, ଯେଉଁ ସହରରେ
ଫୁଲ ହୋଇ ଫୁଟୁଥାଏ ଆମର ଉନ୍ମାଦନା।
ଏଇ ସହରରେ ଦୁଇଟି ଅଦ୍ଭୁତ ଅଶରୀରୀ।

ଏଇ ତୁ, ଏଇ ମୁଁ। ■

କଥାବାର୍ତ୍ତା

ପଥର ଭିତରୁ ମୁଁ ତମକୁ ଡାକେ
ଡାକେ, ଶୁଖି ଆସୁଥିବା କାକରର ଅନ୍ତିମ ନିଃଶ୍ୱାସରୁ
ତମକୁ ଡାକେ ମୋର ପୃଥିବୀ
ମୋର ଝରଣା ଓ ଦୁଃଖ
ତମର ଶବ୍ଦରେ ଗାଢା ହୁଏ ମୋର ପତଳା ରକ୍ତ
ମୁଁ ଡାକେ, ତମକୁ ତମର ଅନ୍ତର ଭିତରୁ ।

ମୁଁ ଅନ୍ଧାର ଭିତରେ ଶୋଇରହିଥିବା ସୂର୍ଯ୍ୟ ବୀଜ
ତମର ଗୋପନତମ ପାପରେ ଜଳୁଥିବା ଏକ ଦୀପାଳି
ତମ ଓଠର ସବୁଠୁ ସ୍ୱର୍ଣକାତର ସିତ୍କାର ମୁଁ
ତମର ଅଥୟ ଡାକ ଭିତରର ପାଗଳ ଉଲ୍ଲାସ
ମୁଁ ତମର ଡାକ, ମୋ ଲାଗି, ମୋର ଶେଷ ଶବ୍ଦ ଲାଗି ।

ତମ ଓ ମୋ ଭିତରେ ମିଳନର ଗୋଟେ ଅଦ୍ଭୁତ ରହସ୍ୟ ଅଛି
ସେ ରହସ୍ୟ ଭିତରେ ହର ଋତୁ ଫୁଲ ଫୁଟୁଥିବା ଗୋଟେ କଦମ୍ବ ଗଛ
ଓ ଲହରେଇ ଲହରେଇ ବିଷାଦ ଗାଉଥିବା ଗୋଟେ ବଂଶୀ
କିଏ କାହାକୁ ଡାକେ କେଜାଣି
ବଂଶୀ କଦମ୍ବକୁ ନା କଦମ୍ବ ବଂଶୀକୁ
ସବୁ ଡାକ କିନ୍ତୁ ତମର ଓ ମୋ ଭିତରେ ପରସ୍ପରକୁ ଚୁମା ଦେଇ ଫେରି ଆସୁଥାନ୍ତି ।

ଆମର ଡାକ ବାରମ୍ବାର ଫେରି ଆସୁଥିବା ଚୁମ୍ବନର ଉଷ୍ମତା ।

ମୁଁ ତମକୁ ଅହରହ ଡାକିଛି ଜୀବନରେ
ଦିନେ କିନ୍ତୁ ତମକୁ ମୁଁ ମୋର ମରଣ ଭିତରୁ ଡାକିବି
ହୁଏତ ମୁଁ ମରଣର ଗୋଟେ ବଗିଚା ଗଢିଥିବି ଆକାଶରେ
ଓ ସେ ଆକାଶରୁ ମୁଁ ତମକୁ ଡାକିବି

ସେଦିନ, ମୁଁ ପଚାରିବି ମୋ ବିନା ପୃଥିବୀରେ ଲାଲରଙ୍ଗ ଅଛି ନା ନାହିଁ
ତମେ ମୋତେ କହିବ ମୁଁ ନଥିବାର ଦୀପାବଳିରେ
କେଉଁ ଦୀପ ପ୍ରଥମେ ଲିଭିଗଲା ଶୀତଳ ପବନର ଛୁଆଁ ରେ ।

ମୋର ଡାକ ତମ ଭିତରୁ ଶୁଭୁଥିବ, ତମରି ସ୍ୱରରେ ।

ବର୍ଷା ବରଣ

ଏଇ କାଗଜଡଙ୍ଗାର ହୃଦୟ, ତା ଉପରେ ତୋର ଅବାରିତ ବର୍ଷା।
କେତେ ବର୍ଷୁଛୁ ତୁ ?

ଏବେ ପାଇନ ଗଛର ଶେଷତମ ପତ୍ରରେ ତୋର ବର୍ଷୁକି ଓଠ
ବର୍ଷା, ବର୍ଷା .... ଭୀଷଣ ବର୍ଷା ଏବେ କାଗଜରେ
ବର୍ଷା ଧୋଇ ନେଉଛି କାଗଜ ଉପରୁ ଅକ୍ଷର
ଅକ୍ଷର ଭିତରୁ ଦୀର୍ଘଶ୍ୱାସ
ଓ ଦୀର୍ଘଶ୍ୱାସରୁ ବିରହ।

ବର୍ଷା ପୋଛି ଦେଉଛି ତୋର ଆଉ ମୋର ଦୂରତା।

ମୁଁ କାଗଜଡଙ୍ଗା, ଭାସି-ବତୁରି ଯିବାକୁ ଆସିଛି ତୋର ସ୍ରୋତକୁ
ମୁଁ ତୋର ବର୍ଷାର ଗୋପନତମ ରହସ୍ୟ
ମୋର ବିଲୟରେ, ତୋର ଉଦୟ ହେବାର ଅନୁରାଗ।

ଆମର ବର୍ଷା, ଅନେକଥର ଆବାହନ କରେ ଅଗ୍ନିକୁ
ତୁ ଅଗ୍ନିର ମହାସ୍ରୋତ ଓ ମୁଁ ଜଳିବାର ମୋହ ନେଇ ଜନ୍ମ ନେଇଥିବା କାଗଜ
ମୁଁ ଜଳେ ଓ ଜଳି ଜଳି ଗୀତ ଗାଏ ତୋର ଦହନର
ଆମର ଜଳିବା ଓ ଜାଳିବା- ଏକମାତ୍ର ସର୍ତ୍ତ ଏଇ ବର୍ଷା ଋତୁର।

■

ମଧୁର ବିଷର ସମୟ

ଏ ସମୟ, ମଧୁର ବିଷର ସମୟ ।

ଉଠା' ପିଆଲା, ପିଇ ଯା'
କୁହ- ସକାଳର ରଙ୍ଗ କଳା
କୁହ- ରାତିର ରଙ୍ଗ ଲୋହିତ
କୁହ- ଏବେ ସବୁ କ୍ଷତ ରେ ମହୁମାଛି
କୁହ- ଏବେ ସବୁଠୁ ସୁନ୍ଦର ସମୟ ନାଚୁଛି ।

ମୋର କଟାମୁଣ୍ଡର ପତାକା ଉତ୍ତୋଳନ ହେଉଛି ଆଜିର ବିଜୟ ଉତ୍ସବରେ
ପତାକାରୁ ଟିକି ଟିକି ଫୁଲ ପାଖୁଡା ହୋଇ ଖସୁଛି
ମୋର ବାପା ଓ ଭାଇର କଟା ଆଙ୍ଗୁଠି
ମୋ ମା ଓ ଭଉଣୀର ରକ୍ତ ପିଣ୍ଡୁଳା
ମୋର ପାଦତଳର ମାଟିରେ କେତେ ଯେ ଫାଟ
ମୋର ଆକାଶ, କେବଳ ନିଆଁ ଓ ବତାସ
ତାରି ଭିତରେ ମୁଁ ପାଳୁଛି, ମୋ ଦୁର୍ଭାଗ୍ୟର ବିଜୟ ଦିବସ ।

ଏ ଯେଉଁ ଶପଥ ପତ୍ର ଓ ସମ୍ବିଧାନ
ଏ ଯେଉଁ ଗୌରବ ଓ ରକ୍ତରଞ୍ଜିତ ଅଭିମାନ
ଏ ଯେଉଁ ତତଲା ରକ୍ତର ମାନଚିତ୍ର ଓ ମହାମିଛର ଚିକମିକ ଆଲୁଅ
ସବୁ ଆଜି ମଧୁର ଅଧୀର ସମୟ ।

ମୁଁ ବିଷ ପିଇ ମରିବି ନାଇଁ
ମୋର ମରଣ ଏବେ ଜୀବନ ବୋଲି ଭାବିବି ମୁହିଁ
ମୁଁ ସଲାମ ଠୁକିବି ସେ ବିଷ ବାଣ୍ଟୁଥିବା ସୌଦାଗରକୁ
ମୁଁ କୁର୍ଣ୍ଣିସ କଲା ବେଳେ ସେ ମୋ ବେକରେ ପିନ୍ଧେଇଦେବ ଗେଣ୍ଡୁଫୁଲର ଏକ ମାଳ
ମୁଁ ବିଭୋର ତାର ହସରେ

ମୁଁ ବିଭୋର ଗେଣ୍ଡୁ ଫୁଲର ବାସରେ
ଏବେ ମୁଁ ଗଗନ ପବନ ପ୍ରକମ୍ପିତ କରିଦେବି ତାର ଜୟ ଜୟକାରରେ।

ସେ ମୋତେ ବେଡ଼ି ଦେବ, ମୁଁ ପିନ୍ଧିବି
ସେ ମୋତେ କୋରଡ଼ା ମାରିବ, ମୁଁ ହସିବି
ସେ ମୋର ଡେଣା କାଟିଦେଇ କହିବ, ଯା' କି ସୁନ୍ଦର ଏ ମୁକ୍ତିର ଆକାଶ ; ମୁଁ ଆକାଶ ଆଞ୍ଜୁଡ଼ିବି
ସେ କହିବ- ତୋର ସମ୍ବିଧାନରେ କେବଳ ଲେଖିଦେ' ମୋର ନାଁ
ମୁଁ ଗୁରୁଣ୍ଡି ଗୁରୁଣ୍ଡି ତାର ପାଦତଳେ ନିଜକୁ ସମର୍ପି ଦେବି।

ମୁଁ ମରୁଥିବି, ହେଲେ ଜୀବନକୁ ନେଇ ଦିସ୍ତା ଦିସ୍ତା କବିତା ଲେଖୁଥିବି
ମୋର ହାତ ଓ ପାଦରେ ବେଡ଼ି, ହେଲେ ମୁଁ ସ୍ୱାଧୀନତାର ମନ୍ତ୍ର ପଢୁଥିବି।

ସେ ମୋତେ ପଚାରିବ କେମିତି ଲାଗୁଛି ଆଜିର ସମୟ
ମୁଁ ଲାଳ ଗଡ଼ାଇ କହିବି – ବହୁତ ମିଠା ବହୁତ ସୁନ୍ଦର ତମେ ଆଣିଥିବା ସମୟ
ତମେ ମୋର ଦେଶସାରା ବୁଣିଥିବା ଏ ଘୃଣା ଓ ମୃତ୍ୟୁର ବିହନ
ଏବେ ଅନ୍ଧାର ଅମଳର ସମୟ।

ବଡ଼ ମଧୁର ବିଷର ଏ ସମୟ।
ବଡ଼ ମଧୁର ବିଷର ଏ ସମୟ।

ଚରିତ୍ରହୀନ

ଲୋକଟା ନିହାତି ଖରାପ।

ତାର କଳା କାଗଜରେ ତିଆରି ଚରିତ୍ର
ତାର ଫୁଲ ପାଖୁଡାରେ ଅଫିମ ନିଶାର ଛାଇ
ସେ ଲୋକର ଆଲୋକ ବୋଲି କିଛି ନାହିଁ।

ଅନ୍ଧାରରେ ସେ ଲୋକ ମେଘମାନଙ୍କର ଗତି ମାପୁଥାଏ
ସେ ପକ୍ଷୀ ଓ ତାରା ମାନଙ୍କୁ ପ୍ରେମ କରିବା ଶିଖାଏ
ସେ ନଦୀର ଧାରାକୁ ସମୁଦ୍ରରେ ମିଶିବା ଆଗରୁ
ବତାଇଦିଏ ମହା ଚୁମ୍ବନର କୌଶଳ
ଲୋକଟା ପ୍ରବଳ ଅଭଦ୍ର, ଅତି ଭୟଙ୍କର।

ତାକୁ ତମେ ଗାଳି କର ରାତି ତମାମ
ତାକୁ ଝିଙ୍ଗାସି କୁହ, ଯା' ଦୂର ହ' ମୋର ଆଖିରୁ
ସେ ସେମିତି ଠିଆ ହୋଇଥାଏ ତମର ଦୁଆରବନ୍ଧରେ
ତାର ଆଖି ଗୋଟେ ଏକଲା ନକ୍ଷତ୍ରର କାହାଣୀ
ତାର କାହାଣୀ ତମର ଫୁଟି ଆସୁଥିବା ସକାଳ ବେଳାର ରାଗିଣୀ।

ତାର କଳା କାଗଜର ଚରିତ୍ର ତମ ଲୁହରେ ବତୁରି ଯାଏ ବେଳେ ବେଳେ
ତାର ଚରିତ୍ର ଦିଶେ ଧଳା ଛଉ ହୋଇଥିବା ଗୋଟେ ମୁହଁ ପରି
ସେ ନିଜ ମୁହଁ ରେ ସାରା ଆକାଶର ଶୂନ୍ୟତା ପୂରେଇ ଅନାଏ ତମକୁ
ତମକୁ କହେ, ଏ କାଗଜ ମୋର ନୁହେଁ ଗୋ !
ତମକୁ ବୁଝାଏ, ଏ ଆକାଶର ଖାଲିପଣ କେମିତି ଶୂଳି ପରି ବିନ୍ଧୁଥାଏ ଆତ୍ମାକୁ
ତମେ ଆହୁରି ରାଗ, ଆହୁରି ଝିଙ୍ଗାସ କର
ତାର କଳା କାଗଜର ଚରିତ୍ର ଏବେ ତମ ପାଦ ତଳର ରାସ୍ତା ପାଲଟି ଯାଏ।

କାଦୁଅ ପଚ ପଚ ତମର ପାଦଚିହ୍ନ ଏବେ ସବୁଠି
ସେ ଲୋକର ମୁହଁ ରେ ବି ତମର ପାଦଚିହ୍ନ
ଅଥଚ ସେ ଲୋକ ଅପେକ୍ଷା କରିଛି, ତମେ ତାର ସର୍ବାଧିକ କୋମଳ
ଆୟୁଷରେ କେବେଥରେ ଦେବ ବୋଲି ଏକ ଚୁମ୍ବନ।

ଏ କେଉଁ ସକାଳ ଧନ ! !

ଏ କେଉଁ ସକାଳ ଯା'ର ବାସ୍ନା ତୋର ଦେହ ପରି ଘାରେ।

ଅଦ୍ଭୁତ ନିଶା
ତୋର ଆଖିରେ ମୋର ଆଖି
ତୋର ଛାତିରେ ମୋର ଛାତି
ତୋର ରକ୍ତରେ ମୋର ରକ୍ତ
ଓ ତୋର ଶୂନ୍ୟତାରେ ଶୂନ୍ୟମୟ ମୋର ଆକାଶ
ଏ କେଉଁ ସକାଳ, ଯା'ର ଆଲୋକ ତୋର ଉଲଗ୍ନ ପ୍ରକାଶ।

ଆମେ ଦୁହେଁ ତରଳି ଯାଉଛେ
ତୁ ମୋର ରକତ କମଳର ମହକ
ମୁଁ ତୋର ସୁନ୍ଦରୀ ହେବାର ଚମକ
ଆମେ ଦୁହେଁ ବତୁରି ଯାଉଛେ ନିଆଁରେ
ତୁ ମୋର ନିଆଁର ନାଭିରେ ଆଷାଢ କଦମ୍ବର ରୋମାଞ୍ଚ
ମୁଁ ତୋର ଉଲଗ୍ନ ସମୁଦ୍ର ମଝି
କମ୍ପାସ ହଜାଇଥିବା ନାବିକ।

ମୁଁ ତୋତେ ପିନ୍ଧାଉଛି ମୋର ଦେହକୁ
ମୋର ଦେହକୁ ବୁଣୁଛି ଶାଢୀ ପରି
ତୋର ମୁଣ୍ଡରେ ବାନ୍ଧି ଦେଉଛି ତୋତେ ନେଇ ଦେଖିଥିବା
ସୁକୋମଳ ସ୍ୱପ୍ନମାନଙ୍କର ଟାହିଆ
ତୋତେ ମୁଁ ରାଣୀ କରି ବସେଇ ଦେଇଛି
ମୋର ସାର୍ବଭୌମ ଏକାକୀତ୍ୱରେ।
ତୋତେ ନେଇ ମୁଁ ରୋଇଛି ମୋର ମାଟିରେ।

ଏ କେଉଁ ସକାଳ ଧନ, ଯିଏ ନେଇ ତୋତେ ମୋର ଦେହର ଦହନ କରେ। ■

୩୮ | କେଦାର ମିଶ୍ର

ଏ ତୋର ବଧୂ ବେଶ

ସେ ରାତିର ନଥିବା ଜହ୍ନ ଥିଲା ତୋ କପାଳେ ସିନ୍ଦୂର ବିନ୍ଦୁ ପରି।

ଶତ ସହସ୍ର ଦୀପ ଜଳୁଥିବା ସେ ରାତିରେ
ଆମେ ଦୁହେଁ ଅନ୍ଧାରର ଦୁଇଟି ପ୍ରତିମା
ତୋର ବଧୂ ବେଶ ମୋର ବସୁଧା ପରି।

ତୋର ଦେହ ମୋର ପୃଥିବୀ
ତୋର ଲାଜ ଇ ମୋର ପ୍ରାଣର ରଙ୍ଗ
ତୋ ଓଠର କମ୍ପନ ଇ ମୋର ଆୟୁଷ
ତୋର ଝୁଣ୍ଟିଆଲଗା ପାଦରେ ତୁ ଯେଉଁ ଗାର କାଟୁଥିଲୁ ଚଟାଣରେ
ସେଇଠି ତିଆରି ହୁଏ ମୋର ଜାତକ।

ତୋର ଓଠ କୁ ଛୁଇଁଲି ଓଠରେ, ଏବେ ଚାରି ପାଖୁଡ଼ା ନିଆଁର ଫୁଲ
ତୋର ଛାତିରୁ ଖୋଲିଦେଲି ବେହରଣ, ଏବେ ହିମାଳୟରେ ସ୍ୱର୍ଣ୍ଣିମ ସକାଳର ଆଭାସ
ତୋର ଦେହର ବେଳାଭୂମିରେ ଏବେ ସମୁଦ୍ର ପରି କଚାଡି ହେଉଛି ମୋର ଶୋଷ
ଆଜି ଜୀବନ ଆମର ମହୁଫେଣା।

ତୋର ଏ ବୋହୂବେଶ
ତୁ ଧରିତ୍ରୀ, ଧାରଣ କରିଛୁ ମୋତେ
ତୋର ଅଳତାରଞ୍ଜା ପାଦରେ ପାଦ ମିଳାଇ ମୁଁ ଚାଲି ଶିଖୁଛି ଶିଶୁ ପରି
ତୁ ମୋତେ ଅମୃତର ସୁଆଦ ଦେଉଛୁ ତୋର ସ୍ତନବୃନ୍ତରୁ।

ତୋର ଏ ବୋହୂବେଶ
ଜଗତର ହିଂସା ଓ ଘୃଣା ବିପକ୍ଷରେ ସବୁଠୁ ସୁନ୍ଦର ପ୍ରତିବାଦ
ତୋର ନୀଳ ବନାରସୀର ପଣତରେ

ଆଜି ତୁ ବାନ୍ଧି ଦେଇଛୁ ଏ ପୃଥିବୀକୁ ଆସିବାକୁ ଥିବା
ଆଗାମୀ ଦିନର ବିପଦମାନଙ୍କୁ ।

ତୁ ଅଭୟା
ତୋର କୋଳରେ ମୁଁ ଶୋଇ ପଡୁଛି
ମୋ କାନରେ ବାଜୁଛି ତୋର କାଚ ଚୁଡ଼ିର ରୁଣୁଝୁଣୁ
ଦୀପାବଳିର ହାବେଳି ଉଠୁଛି ଆକାଶରେ
ମୁଁ କିନ୍ତୁ ଶବାସନରେ ତୋର ପାଦତଳେ ।

ତୁ ମୋର ବଧୂ, ତୁ ମୋର ଦୀପାବଳିର ମହିମାମୟୀ ପୃଥିବୀ ।

କବିତା; ଅର୍ଦ୍ଧେକ କଳ୍ପନା ପୁଣି ଅର୍ଦ୍ଧେକ ଶୂନ୍ୟତା

ସବୁ କବିତା ତୋ ପାଇଁ।

ତୁ ଆଉ କିଏ କି
ଜଗତଯାକର ସବୁ ଗଛରେ ଦେଖିଛି ତୋତେ
ପିଆଶାଳ ହେଉ କି ପାଇନ
ଖଜୁରୀ ହେଉ କି ଚିନାର
ସବୁ ଗଛରେ ତୁ ମୋତେ ଦିଶିଛୁ
ମାଟି ଓ ଆକାଶର ସେତୁଟିଏ ପରି।

ସବୁ ଫୁଲରେ ତୋର ଇ ମହକ
ସବୁ ପକ୍ଷୀଙ୍କର କାକଳି ଓ କୂଜନରେ
ମୁଁ ଶୁଣିଛି ତୋତେ
ସବୁ ଦୁଃଖରେ ତୁ ମୋର ଉଦାସୀନ-ଢଳ ଢଳ ଆଖି
ସବୁ ସ୍ୱପ୍ନରେ ତୁ ମୋର ପ୍ରସାରିତ ହୋଇ ଯାଇଥିବା ମହାକଳ୍ପନାର ଦିଗନ୍ତ।

ତୁ ମୋର ଭୋକ, ମୋର ସୁଆଦ
ରକ୍ତନଦୀରେ ଏକାକୀ ଭାସୁଥିବା ଦୁର୍ଯ୍ୟୋଧନ ମୁଁ
ତୁ ମୋର ସ୍ମୃତି, ମୋର ହଜି ଯାଇଥିବା ଜୟମାଲ୍ୟ
ତୁ ମୋର ଶଙ୍ଖନିଧି ଓ ପଦ୍ମନିଧି
ତୁ ମୋର ଅହଂକାର
ମୁଁ ଅଛି ବୋଲି ଏକମାତ୍ର ବିଶ୍ୱାସ ତୁ
ତୁ ମୋର ଶିଥିଳ ଓଠରେ ଅନନ୍ତ ଚୁମ୍ବନର ପିପାଶା।

ତୁ କବିତା
ତୁ ଅଧଲେଖା ଚନ୍ଦ୍ରକିରଣର ରହସ୍ୟମୟୀ ଆକାଶ
ତୁ ବଧୂବେଶରେ ମୋର ସୁଜଳା ସୁଫଳା ଶସ୍ୟ ଶ୍ୟାମଳା ବସୁଧା

ତୁ ମୋ ଜେଜେବାପା ମୋତେ ଶିଖେଇଥିବା ଗୀତର ଦରଭୁଲା ରାଗିଣୀ
ତୁ ସୀତାର ତାରରେ ଶୋଇ ରହିଥିବା ମୂର୍ଚ୍ଛନା
ତୁ ମୋତେ ମଣିଷ କରୁଥିବା ଧର୍ମ
ତୁ ଭଲ ପାଇବାର ସମୁଦ୍ରମୟୀ ଈଶ୍ୱରୀ ।

ତୋ ଲାଗି ନଡିଆ ବାହୁଙ୍ଗାରେ ମୁଁ ଝୁଲେଇଛି ମୋର ଜହ୍ନକୁ
ନିଜକୁ ଝୁଲେଇଛି ମୋତେ ତୋର ଅସ୍ଥିର ଛାତିରେ
ତୋ ଲାଗି ସବୁ ଶବ୍ଦ, ସବୁ ସଙ୍କଟ, ଯେତେ ଯେତେ ଯୁଦ୍ଧ
ତୋ ଲାଗି ସବୁ ମାୟା, ସବୁ ବନ୍ଧନ, ଯେତେ ଯେତେ ନିଶା
ତୋ ଲାଗି ସବୁ ମୋର ଯେତେକ କବିତା
ଅର୍ଦ୍ଧେକ କଳ୍ପନା ପୁଣି ଅର୍ଦ୍ଧେକ ଶୂନ୍ୟତା ।

■

ଗଛ ପରି ଏ ମୋର ଜୀବନ

ଦୁଇ ପାଦ ବୋଲି ମାଟି ଓ ସେଇଠି ପାଦ ପୋତି ଠିଆ ହୋଇଛି ମୁଁ, ଏକ ଗଛ।

ମୋର ଚେର ତୋର ପାତାଳରେ
ମୋର ପତ୍ର ତୋର ଆକାଶରେ
ମୁଁ ଜୀବନ୍ୟାସ ପାଏ ତୋର ଛୁଆଁରେ
ମୋର ମରଣ ହୁଏ ତୋର ନିଆଁ ରେ।

ମୁଁ ମରେ ଓ ପୁଣି ପିକେଇ ଯାଏ ତୋର ଚୁମାରେ।

ପୁଣିଥରେ ପଲ୍ଲବର ଆୟୁଷ ହୋଇ ମୁଁ ତୋତେ ଭଲପାଏ
ପୁଣିଥରେ ଫୁଲର ମହକ ହୋଇ ସଞ୍ଚରିଯାଏ ତୋର ଦେହରେ
ପୁଣିଥରେ ମୁଁ ଫଳ ହୋଇ ବଢୁଥାଏ ତୋର ଗର୍ଭାଶୟରେ
ମୁଁ ପୁନଶ୍ଚ ତୋ ଦେହରେ କୁରାଢୀର ଚୋଟ
ତୋତେ ରକ୍ତାକ୍ତ କରେ ମୋର କ୍ରୋଧରେ।

ତୋତେ କାଟୁ କାଟୁ ମୁଁ ନିଜେଇ କଟି ଯାଇଥାଏ କରତରେ।

ତରଳ ରୂପାର ଜହ୍ନରାତିରେ ତୁ ମୋତେ ଉତାରି ଆଣୁ ମୋର ମଞ୍ଜୀରୁ
ମୋତେ ଖେଳୁ ତୁ ଆଞ୍ଜୁଳା ଆଞ୍ଜୁଳା ପାଣି ପରି ଜଳପ୍ରପାତରେ
ମୋତେ ଲୁଚାଉ କୁମ୍ଭାଟୁଆ ପରି ଏ ଡାଳୁ ସେ ଡାଳ
ମୋତେ ଶାଗ ପରି ଖରଡିଦେଉ ଗୋଟେ ବିଚିତ୍ର ଉଲ୍ଲାସରେ
ମୁଁ ସ୍ୱାଦିଷ୍ଟ ହେବାକୁ ବାରମ୍ବାର ଜଳୁଥାଏ ତୋର ରୋଷେଇଘରେ।

ତୋର ଇଚ୍ଛା ହେଲେ, ପୁଣି ତୁ ଫେରେଇ ଦେଉ ମୋତେ ମୋର ଗଛ ହେବାର ଭାଗ୍ୟକୁ
ମୁଁ ପୁଣି ସେମିତି ମାଟିରେ ପାଦ ପୋତି

ସେମିତି ପତ୍ର ଓ ଫୁଲର କଳ୍ପନା ବୋହି
ଚାହିଁ ରହେ ତୋର ଫେରିବା ବାଟକୁ।

ହେଲେ ତୋର ଯିବା ଓ ଫେରି ଆସିବା ସବୁବେଳେ
ଘଟୁଥାଏ ମୋର ଇ ଦାରୁ ଘଟରେ।

ଚିତ୍ରଘର

ଏଇଟି ଆମର ଘର
ମାଟି କାନ୍ଥରେ ଖଡିରେ ଗାର ଟାଣି ତିଆରି ହୋଇଥିବା
ଏଇ ବର୍ଗାକାର ଘର।

ଏଇ ଛଅ ଟି ଗାର ଓ ଗୋଟେ ଗୋଲାକାର ମୁଣ୍ଡ
ଏଇଟା ତୁ, ଏଇଟା ମୁଁ
ଏଇଠି ଆମେ ପାଦ ପୋତି ତିଆରି କରିଛେ ଆମର ପୃଥିବୀ
ତୋ ଆଖିରେ ଚେନାଏ ଆକାଶ, ମୋ ଆଖିରେ ମେଞ୍ଚେ ତାରାଙ୍କର ଧୂଳି।

ଏଇ ଗଳିରେ ପବନ ଯେବେ ଚାଲିଯାଏ ଆଉ କେଉଁ ଘରକୁ
ଆମ ବାରଣ୍ଡାରେ ବୁଣିଦେଇଯାଏ ଗୋଟେ ଶାସ୍ତ୍ରୀୟ ରାଗ
ଆମ ବାରିପଟେ ଶାଗ ପଟାଳି ଓ ଧାଡିଏ ଡାଳିମ୍ବ ଗଛ
ତୁ ଆମ ଶୋଇବା ଘର ଆଗରେ ଥୋଇଛୁ ଗୋଟେ ବୋନସାଇ ଗଛ।

ଘର ନୁହଁ, ଏ ସବୁ ଚିତ୍ର।
ଆମେ ଦୁହେଁ, ଚିତ୍ରର ମଣିଷ
ବିଚିତ୍ର ଆମ ପ୍ରେମର ଇତିହାସ।

■

ଚୁମ୍ବନ

ପବନ ବି ବେଳେ ବେଳେ ଚୁମ୍ବନର ଚିତ୍ର ଆଙ୍କିଯାଏ ବାଲିରେ।

ପାଣି ଓ ପଥରର ଚୁମ୍ବନ ବିଷୟରେ କେହିଜଣେ ଅନ୍ଧାରରେ ଲେଖୁଛି ଏକ ଇତିହାସ।
କବିତା ହେବା ଆଗରୁ ଶୂନ୍ୟତାରେ ଚମକୁଥାଏ ଶବ୍ଦର ଚୁମ୍ବନ।

ତୋର ଓଠ ମୋର ଓଠକୁ ଛୁଇଁବା ବେଳେ
ପୃଥିବୀ ପାଲଟିଯାଏ ଚାରି ପାଖୁଡ଼ା ଓଠର ଏକ ଫୁଲ।

ମୁଁ ଚୁମ୍ବନ ଖୋଜିବାକୁ ଯାଏ ରାଜାରାଣୀ ମନ୍ଦିରକୁ
ପଥରର ମୂର୍ତ୍ତିମାନେ ସ୍ଥିର ରହିଥାନ୍ତି ଚୁମ୍ବନରେ
ମୂର୍ତ୍ତିମାନଙ୍କ ଉପରେ ପାରାମାନଙ୍କର ଚୁମ୍ବନ କିନ୍ତୁ ଜୀବନ୍ତ ଥାଏ
ଜୀବନ୍ତ ଥାଏ ବି ମୋର ଆଖିରେ ଏ ଜଗତର ଭଲ ପାଇବା।

ବେଳେ ବେଳେ ଭୋକ ବି ଚୁମ୍ବନ ଦିଏ ଅନାହାରୀ ପେଟକୁ
ପେଟ ଭିତରୁ କେଁ କେଁ କାନ୍ଦୁଥାଏ ଭୋକର କେନ୍ଦରା
କେନ୍ଦରା ଗୀତ ହୋଇପାରେ ଭୋକିଲା ଲୋକର ଚୁମ୍ବନ ପିପାଶା।

କେବେ କେବେ ଆତତାୟୀର ଗୁଳି ବି ଚୁମ୍ବନ ଦେବାକୁ ଭଲପାଏ ଗାନ୍ଧୀଙ୍କୁ
"ହେ ରାମ" କହି ଟଳିପଡିଲା ବେଳେ
ରକ୍ତର ଚୁମ୍ବନରେ ପବିତ୍ର ହୋଇଯାଏ ବସୁଧା।
ଆତାତାୟୀର ବନ୍ଧୁକ ହାରିଯାଏ ଗୋଟେ ପ୍ରଶାନ୍ତ ଚୁମ୍ବନରେ।

କୃଷ୍ଣ ଅପେକ୍ଷା ରାଧାର ଅଧୀର ଓଠରେ ବେଶୀ ବେଶୀ ଚୁମା ଦେଉଥାଏ ବଂଶୀଗୀତ
ତୁ ସ୍ୱପ୍ନରେ, କୋଳରେ ଥୋଇଦେଇ ମୋର ଝିଅକୁ ମୋତେ ପଚାରୁ
ଆମର ଚୁମ୍ବନ ଇ ଆମର ସନ୍ତାନ ନୁହେଁ କି ?

ମୁଁ ତୋର ହାତ ଧରି ନେଇଯାଏ
କ୍ରୁଶକାଠରେ ଠିଆ ହୋଇଥିବା ଯୀଶୁଙ୍କ ପାଖକୁ
ଆମେ ଆଞ୍ଜୁଳାଏ ଚୁମ୍ବନ ଦେଉ ଈଶ୍ୱରଙ୍କର ପୁତ୍ରଙ୍କୁ।

ତୁ ଆଉ ମୁଁ ଠିଆ ହେଉ ବଡଦାଣ୍ଡରେ
ସେ ଚକା ଚକା ଆଖିର ମହାଦେବତା ଜଗତସାରା ବୁଣି ଦେଉଥାନ୍ତି ଚୁମ୍ବନର ବର୍ଷା।

ତୁ ଆଉ ମୁଁ ସମୁଦ୍ରର ଅଧୀର ବେଳାରେ
ଢେଉ ପରି ଭାଙ୍ଗୁଛେ ଆମର ଅସରନ୍ତି ଚୁମ୍ବନ।
ଏଇ ଚୁମ୍ବନ ଇ ମଣିଷର ଜଗତ ଆଉ ଜୀବନ ମୋର ଧନ!!

■

ତୁ ସୂର୍ଯ୍ୟମୟୀ ! !

ତୋ ଆଖିରେ ପ୍ରଥମ ସକାଳ ଫୁଟି ଆସୁଥିବାର ମୁଁ ଦେଖୁଛି।

ଦେଖୁଛି, ତୋର ଆଖି ମୋର ଆୟୁଷକୁ
କେମିତି ରଚନା କରୁଛି ପୂର୍ବାଶାରେ।
ତୁ ମୋର ପୂର୍ବଦିଗ। ମୋର ଆଲୋକିତ ଭାଗ୍ୟର
ଅଣୁଏ ଭଗ୍ନାଂଶ।

ମୁଁ ନିଜକୁ ପ୍ରକାଶିତ କରୁଛି ତୋର ଆଲୋକରେ
ଅନ୍ଧାରର ପ୍ରତିମା ମୁଁ
ଅଣପ୍ରକାଶର ଇତିହାସରେ କଳାରଙ୍ଗର ଶୂନ୍ୟ ଫୁଲ ମୁଁ
ଅଭିଶାପରେ ଡହକୁଥିବା ଭାଗ୍ୟରେଖା
ଗଭୀର ସମୁଦ୍ରର ଜ୍ୱାଳାମୁଖୀ ମୁଁ
ମୁଁ ଶାନ୍ତ ହେଉଛି ତୋର ସ୍ପର୍ଶରେ।

ଆ, ଛୁଇଁ ଦେଇ ଯା' ମୋର ଅମାବାସ୍ୟାର ରାତିକୁ
ଏ ରାତି ଅସରନ୍ତି ଅନ୍ଧାରର ଅନ୍ଧନଦୀ
ମୋର ପ୍ରବାହ କେଉଁ ଏକ ମୃତ ନଦୀର ସମାଧିରେ ମିଳେଇ ଯାଇଛି
ଆ' ଫୁଟେଇ ଦେଇ ଯା' ମୋର ପଥର କଲିଜାରେ
ଲକ୍ଷ୍ମୀପାଦର ଝୋଟିଚିତା
ଆ' ମୋର ହୋଇକି ରହିଯିବା ପାଇଁ ମୋର ରକ୍ତରେ।

ମୋର ପାପୁଲି ନେ, ତୁ ମୋର ଆଞ୍ଜୁଳିରେ ଶୂନ୍ୟଥାଳର ପ୍ରାର୍ଥନା
ମୋର ଆଖି ନେ, ତୁ ମୋର ସୂର୍ଯ୍ୟ, ତୁ ମୋର ଚନ୍ଦ୍ରମା
ନେ ମୋର ଜୀବନ୍ମୟ କୋଷ, ତୁ ମୋର ମଣିଷ ହୋଇ ବଞ୍ଚିବାର
ଏକମାତ୍ର କାମନା ଆଉ ବାସନା।

ମୋର ବାହୁରେ ଆଜି ପୂର୍ବଦିଗର ଆଭାସ ଗୋ !
ମୁଁ ତରଳି ଯାଉଛି ତତଲା ହିଲିୟମର ତେଜଷ୍କ୍ରିୟ ଉତ୍ତାପ
ମୁଁ ମହକି ଯାଉଛି ପାଗଲା ହରିଣର କସ୍ତୁରୀ
ମୁଁ ସଞ୍ଚରି ଯାଉଛି ଜଗତ ଯାକରେ ପ୍ରାଣରେ
ପ୍ରେମ ହେବାର ପ୍ରଥମ ସମ୍ଭାବନା ।

ହିଂସ୍ର ପୃଥିବୀରେ ଯେଉଁଠି ହିଂସା ଆଉ ଛଳନା ଓ ବୋମା
ତୁ ମୋର ସେଇ ମାଟିରେ
ସୂର୍ଯ୍ୟୋଦୟର ପ୍ରଥମ ଲୋହିତ ଚୁମା ।

■

ଦଙ୍ଗାକାରୀ

ଏଇ ପତାକାରେ ଲାଗିଛି ମାଟିର ରକ୍ତ
ଆଉ ରକ୍ତ ଲାଗିଥିବା ପତାକା ତଳେ ତମେ ରଖିଛ
କରୁଣାରେ ଗଢା ହୋଇଥିବା ଗୋଟେ ଅସହାୟ ଦେବତାକୁ।

ତମେ ଦେବତାର ନାଁରେ ଘର ପୋଡୁଛ
ମଣିଷର ବେକ ମୋଡୁଛ କୁକୁଡା ପରି
ତମର ପ୍ରାର୍ଥନା ଓ ତିଳକରେ ରକ୍ତ
ତମର ଶାସ୍ତ୍ର ଓ ଉପଚାରରେ ରକ୍ତ
ତମର ପୋଡା ଅଙ୍ଗାରର ହୃଦୟରେ ମୁଣ୍ଡା ମୁଣ୍ଡା ବିଭତ୍ସ ରକ୍ତ।

କାଲି ତମେ ଯାହାର ଘର ପୋଡିଦେଇ ଆସିଛ, ସେ ତମର ଝିଅକୁ ଛାଡିବାକୁ
ଯାଉଥିଲା ସ୍କୁଲକୁ
ଆଜି ତମେ ଯାହାର ଭଉଣୀକୁ ଚିରି ଫାଡି ଖାଇଛ ଶାଗୁଣା ପରି
ସେ ହୁଏତ ଗତକାଲି ତମ ଭଉଣୀ ଲାଗି ଗୁପଚୁପ ବନାଉଥିଲା ଅତି ସ୍ନେହରେ
ତମର ରକ୍ତରେ ଏ ଯେଉଁ ଟକମକ ତରଳ ଲାଭା
ତାକୁ ହୁଏତ ସେ ଲୋକ ପରିପୁଷ୍ଟ କରିଥିଲା
ତମକୁ ପ୍ରଚୁର ଫଳରସ ପିଆଇ
ଆଉ ତମେ ତା' ପେଟରେ ଗତକାଲି ଛୁରି ଭୁଷିଛ ଶହେ କି ଦୁଇ ଶହ ଥର।

ତମେ ଯେଉଁ ମୁଖା ପିନ୍ଧି ମାରିବାକୁ ଯାଇଥିଲ ପଡିଶା ବସ୍ତିକୁ
ସେ ମୁଖାରେ ଏବେ ବି ଲେଖା ହୋଇଛି
ତମର ଅମଣିଷ ହେବାର ଅପଭାଗ୍ୟ
ତମକୁ ଯିଏ ପଠେଇଥିଲା ହାତରେ ତ୍ରୀଶୂଳ ଧରେଇ
ମଶାଲ ଓ ଏସିଡ ହାତରେ ଦେଇ
ସେ ଏବେ କି ଚମତ୍କାର ଶାନ୍ତିପାଠ କରୁଛି ଦେଖ !

ଏଇ ଲୋକଟା ପାଇଁ ତମେ ପାଣି ବଦଳରେ ରକ୍ତ
ଓ ଫୁଲ ବଦଳରେ ନିଆଁ ବାଛିଥିଲ
ଏଇ ଲୋକଟିକୁ ଭଲ ପାଇବାକୁ ଯାଇ
ତମେ ବିଶ୍ୱାସଘାତକତା କରିଥିଲ ନିଜର ମା ଓ ମାଟି ସହିତ
ନିଜର ବନ୍ଧୁ ଓ ଭାଇମାନଙ୍କ ସହିତ।

ଏଇ ଲୋକଟା ତମକୁ କହିଥିଲା, ତୋର ଭାଇମାନେ ଇ ତୋର ଶତ୍ରୁ
ନିପାତ କର ସେଇମାନଙ୍କୁ
ଆଉ ତମେ ଅନ୍ଧ ଭାବରେ ନିପାତ କରିଥିଲ
ତମ ନିଜର ରକ୍ତର ଅଂଶମାନଙ୍କୁ।

ତମେ ନିଆଁରେ ମୁହେଁଇ ଦେଇଥିଲ ତମ ନିଜର ସହର।

ଆଜି ନା ତମର ସହର ଅଛି, ନା ତମେ ମଣିଷ ହୋଇ ବଞ୍ଚିଛ
ଆଜି ତମର ଦେଶକୁ ତମେ ନିଜେ ଇ କବର ଦେଇଛ।

ଦେଶର କବର ଉପରେ ଠିଆ ହୋଇ ହେ ଭାଇ
କହ, କାହା ଲାଗି ଏ ଦେଶପ୍ରେମର ସଙ୍ଗୀତ ବୋଲୁଛ!!

■

ପ୍ରାର୍ଥନା ପାଇଁ କିଛି ଅନାବନା ଶବ୍ଦ

ପଥର ଭିତରେ ଶୋଇରହିଥିବା ହେ ମୋର ହୃଦୟ, ଉଠ!
ଉଠ, ହେ ମୋର ରକ୍ତର ହେମାଳ ସୁଖ
ଉଠ, ହେ ମୋର ଯନ୍ତ୍ରଣା-ରାଗ
ଉଠ, ହେ ମୋର ଯୁଗ ଯୁଗର ନିଦ୍ରାଳୁ ନୀରବତା।

ମୁଁ ଯିବି ତୋ ପାଖକୁ
ତୋର ପାଦ ତଳେ ଠିଆ ହୋଇ ମାଗିବି
ମୋର କଳଙ୍କ ପାଇଁ ଟୋପାଏ ମଲ୍ଲି ଫୁଲର ମହକ
ମାଗିବି ତୋତେ ଅନ୍ଧାର ରାତିର ନୀଳପଦ୍ମ
ମାଗିବି, ତୋର ପାଦ ତଳେ ବୁଢା ହୋଇ
ପାକଳ ହେବାର ବରଦାନ।

ହେ ମୋର ଆୟୁଷର ସୂର୍ଯ୍ୟ, ତମେ ଆହୁରି ପ୍ରଖର ହୁଅ
ହେ ମୋର ଉତ୍ତେଜନାର ଆଗ୍ନେୟଗିରି, ତମର ଜ୍ୱାଳାମୁଖୀ
ଫାଟି ପଡୁ ନିବିଡତମ ସମୁଦ୍ର ଛାତିରେ
ହେ ମୋର ପଞ୍ଜରା ହାଡର ସୀତାର, ବାଜି ଉଠ ବାଜି ଉଠ
ତମର ତାରରେ ଆଜି ସହସ୍ର ଭୈରବୀର ଉନ୍ମାଦ ଝଙ୍କାର।

ତୋ ଲାଗି ମୁଁ ଗୀତ ଗାଇବି
ଠିକ ସେମିତି, ଯେମିତି ତୋ ବାପା ଗାଆନ୍ତି ଗୀତ ଗୋବିନ୍ଦ
ମୁଁ ଗୀତ ଗାଇଲା ବେଳେ ତୁ ଠିଆ ହୋଇଥିବୁ ମୋତେ ଲାଗି
ଠିକ ତୋ ମାଙ୍କ ପରି
ଆମେ ଦୁହେଁ ବୁଢା ବୁଢୀ
ଏକଲା ଠିଆ ହୋଇଥିବା ଆମେ ଗଢିଥିବା ଆମର ଈଶ୍ୱର ଆଗରେ।

ହେ ମୋର ଜୀବନ ଦେବତା, ତମେ ବିଜେ କର ତମର ଘୋଷଯାତ୍ରାରେ
ହେ ମହାକାଳର ଗାୟକ, ତମେ ଆମ ଲାଗି ଗାଇଦିଅ ମଙ୍ଗଳାଚରଣ
ହେ ମାଟିର ମହାଦେବୀ, ତମେ ଲିଭାଅ ଆମ ଭିତରେ ଦେଶ ଦେଶର ଦୂରତା
ହେ ମୃତ୍ୟୁ, ତମର ବିଦାୟ ଏବେ ଆମର ପ୍ରେମିଳ ପୃଥିବୀରୁ।

ମୁଁ ମରିବି ନାହିଁ
ତୋ ଲାଗି ମୁଁ ବଞ୍ଚି ରହିବି ଏ ମାଟି ଓ ଆକାଶ ପରି
ପ୍ରେମ ଓ ପରାଜୟ ପରି
ମୁଁ ତୋ ଲାଗି ଲିଭେଇ ଦେବି
ଏ ଜଗତରୁ ମୃତ୍ୟୁ ଓ ଅନ୍ଧାର।

ମୁଁ ମଣିଷ ହେବି
ମୁଁ ତୋର ପାଦତଳେ ଭଲ ପାଇବା ଶିଖିବି।

■

ପ୍ରେମ ନଥିବା ଏ ସହର ଆମର ନୁହେଁ

ଏ ସହର ଆମର ନୁହେଁ
ଏ ପୋଡା ଅଙ୍ଗାରର ବସ୍ତି, ଏ ଜିଅନ୍ତା ପଚ୍ଛୁଥିବା ମଣିଷ ଗନ୍ଧର ପାଗଳ ଉପତ୍ୟକା
ଏ ନଷ୍ଟପ୍ରେମର ପ୍ରାଣହୀନ ଛାତି
ନା, ଏ ସହର ଆମର ନୁହେଁ।

ଆମେ ସେଇ ଗଙ୍ଗଶିଉଳିର ସକାଳ, ଯିଏ ଝରିଗଲା ପରେ ବି ମହକୁଥାଏ ହୃଦୟ ପରି
ଆମେ ସେଇ ଅସ୍ତରାଗର ପ୍ରେମୀ ଯୁଗଳ
ଯିଏ ଅନ୍ଧାରରେ ଲେଖିପାରେ ଅରୁଣ ରଙ୍ଗର କବିତା
ଆମର ସହର ଦେଦୀପ୍ୟମାନ ମଣିଷ ହେବାର ସହର
ଆମର ସହର ଭଲପାଇବାର ମୃତ୍ୟୁବିହୀନ ମହାକାଳ।

ଆମ ସହରର ସବୁ ଗୀତ ଆଜି ନିଆଁ ପରି ଜଳୁଛି ବସ୍ତି ବସ୍ତିରେ
ବିଷ ଯେ ବିଷ, ନୀଳ ଦିଶୁଛି ଆମର ପ୍ରେମ
ଆମକୁ କାଟି ଦିଆ ଯାଇଛି ଭାଗ ଭାଗ କରି
ବାମ ଓ ଦକ୍ଷିଣ, ପୂର୍ବ ଓ ପଶ୍ଚିମ, ଦାଢି ଓ ତିଳକ, କ୍ଷୀରୀ ଓ ବିରିଆନୀ
ଆମେ ନିଜ ଭିତରେ ଖଣ୍ଡ ଖଣ୍ଡ, ବହୁଧା ବିଭକ୍ତ।

ମୁଁ ରକ୍ତନଦୀର ଅସହାୟ ରାଜା ହୋଇ ଭାସି ଆସିବାକୁ ଭଲ ପାଇନଥିଲି ତୋତେ
ତୁ ମୋର କୋଣାର୍କ ଓ ତାଜମହଲ
ତୁ ମୋର ସାକି ଓ ଶାଳଭଞ୍ଜିକା
ତୁ ମୋର ତାନପୁରା ଓ ରବାବ
ତୁ ମୋର ବାମ ହାତରେ ଦା' ଓ ମୁଁ ତୋର ଡାହାଣ ହାତର ପ୍ରବାଳ ମୁଦି।

ଏ ସହର ମୋର ନୁହଁ, ଯିଏ ତୋତେ କହୁଛି ମୋଠୁ ଅଲଗା ବୋଲି।

ଏ ସହରରେ ତୁ ମୋର ଦୀପାବଳିର ଜ୍ୟୋତିର୍ମୟୀ ରାତି

ଏ ସହରରେ ତୁ ମୋର ଆୟାତ ଓ ଆଜାନ
ଏ ସହରରେ ତୁ ମୋର ଗଣତନ୍ତ୍ର, ତୁ ମୋର ସମ୍ବିଧାନ
ଏ ସହର ରେ ତୁ ମୋର ରାଧା, ଆଉ ମୁଁ କେଉଁ ଏକ ଅଚିହ୍ନା ଖୟାଲର ମଦହୋସ ତାନ।

ଏ ସହର କେବଳ ଆମର ପ୍ରେମ
ଏ ସହର ଘୃଣାହୀନ ଆକାଶରେ ଚନ୍ଦ୍ରିକା ପ୍ରମାଣ।

ଏ ସହର ଯିଏ ତୋର ଧର୍ମ ଦେଖି ଡରେ
ଏ ସହର ଯିଏ ତୋତେ ଖାଦ୍ୟ ଦେଖି ବାରେ
ଏ ସହର ଯିଏ ତୋର ଈଶ୍ୱରକୁ ମାରେ
ସେ ସହର, କେବେହେଲେ ରହିବ ନାଇଁ ଏ ପୃଥିବୀରେ।

ତୋର ମୋର ପ୍ରେମ ନଥିବା ଏ ସହର
ଜଗତର ଅଭିଶାପ ହୋଇ ଜଳେ।

ଆମର ନୁହଁ ଏ ସହର, ଆମକୁ ରହିବାର ନାଇଁ ଏ ସହରରେ।

■

ପ୍ରେମ; ପାଷାଣ ଇତିହାସ

ପଥରରେ ଲେଖା ହୋଇ ଯାହା ରହିବ, ତାହାହିଁ ଆମର ଇତିହାସ।

ତେବେ କଣ ଲେଖା ହେବ ପଥରରେ
ପଥର କଣ କହିପାରିବ ଫୁଲ ଫୁଟିବା ବେଳେ ଡେଙ୍ଗ ଭୋଗିଥିବା ଯନ୍ତ୍ରଣା ?
ପଥର କଣ ବୁଝିପାରିବ ବୋହିଯାଉଥିବା ସମୟର ତରଳ ଦୁଃଖକୁ ?
ପଥର କଣ ନିଜ ଛାତିରେ ଉତ୍ତାରି ପାରିବ ଆକାଶ ହେବାର ଶୂନ୍ୟତା ?

ପଥର ବୁଦ୍ଧ ହୋଇପାରିବ
ନିଜ ଭିତରେ ଫୁଟାଇ ପାରିବ ତପସ୍ୟା ଓ ନିର୍ବାଣ
ପଥର କିନ୍ତୁ ବାରମ୍ବାର ଫେରେଇ ଦେଉଥିବ ବଂଶୀଗୀତକୁ
ପଥର କେବେହେଲେ ବୁଝି ପାରିବ ନାହିଁ
ବିରହୀ ଯକ୍ଷର ବେଦନା।

ପଥର କେବେ କେମିତି ବାଦଲ ହୋଇଯାଉ ବୋଲି
ମୁଁ ପ୍ରାର୍ଥନା କରେ ପଥର ଉପରେ ବସି
ମୁଁ ମେଘକୁ ପଠାଇ ଦିଅନ୍ତି ତୁ ରହୁଥିବା ଦେଶକୁ
ସେ ମେଘ ବାଟ ସାରା ଦେଖି ଦେଖି ଯାଆନ୍ତା ଆଉ କେତେ ଦେଶ ଓ ଦୁଃଖ
ସେ ମେଘ ଦେଖି ଦେଖି ଯାଆନ୍ତା
କେତେ ଦେଶରେ କେତେ କେତେ ଉହକ ବିକଳ ଇତିହାସ।

ମୁଁ ବି ଗୋଟେ ଅଜବ ପାଗଳ
ପଥର କଥାରୁ ଏବେ ଆସି ଉଡି ବୁଲୁଛି ମେଘରେ
ତୋତେ ଭଲ ପାଇବା ଓ ପାଗଳ ହେବା ଏକା କଥା
ଏବେ ମୁଁ ପାଗଳ ପରି ନିଜ ଭିତରେ ଛୁଟେଇ ଚାଲିଛି ଗୋଟେ ପକ୍ଷୀରାଜ ଘୋଡା।

ମୋତେ ଏଇନା, ଏଇ ମୁହୂର୍ତ୍ତରେ ପହଞ୍ଚିବାର ଅଛି ତୋର ଦୁଆରବନ୍ଧରେ
ମୋତେ ଯେମିତି ହେଲେ କହିବାର ଅଛି ଯେ
ଦେଖ, ପଥର ଉପରେ ମୁଁ ଲେଖିଯାଇଛି ଆମର କାହାଣୀ
ଆମର ଇତିହାସ ଏବେ ପଥର ଉପରେ
କଥା କହୁଥିବା କବିତା ।

ତୋତେ ଏତକ କହି ସାରିଲା ପରେ
ମୁଁ ତୋର ଘର ଆଗରେ ଗୋଟେ ଚାରି କୋଣିଆ ପଥର ହୋଇ
ପଡି ରହିବି ସାରା ଜୀବନ ।
ଆମର ସେତିକି ବୋଲି କବିତା, ଆମ ପୃଥିବୀରେ ସେତିକି ବୋଲି ଜୀବନ ।

■

ପ୍ରେମଘର

ଜହ୍ନରାତିରେ ତିଆରି ଆମର ସତସତିକା ଘର।

ଚନ୍ଦ୍ରକିରଣରେ କାନ୍ଥ ଗଢିବା ଆମକୁ ଶିଖେଇଛି ଆମର ଦୁଃଖ
ଯେବେ ତୁ ମୋତେ ଏକା ଛାଡି କୁଆଡେ ଗୋଟେ ଚାଲିଯାଉ
ସେତେବେଳେ ମୁଁ ଜହ୍ନକୁ ଇଟା ପରି ପକାଏ ମୋର ଅଗଣାରେ
ତୋତେ ଖୋଜିବାର ଇଚ୍ଛା ନିଆଁ ହୋଇ ପୋଡିଦିଏ
ଜୋଛନାରେ ତିଆରି ସେ ଇଚ୍ଛାର ଭାଟି
ତୁ ପୁଣି ଫେରିଲା ବେଳକୁ ମୁଁ ଗଢି ସାରିଥାଏ
ଆମ ଦୁହିଙ୍କ ଲାଗି ଏକ ଘର।

ତୁ କହୁ, ଏଇ ରଙ୍ଗ ନୁହଁ ଆଉ ଗୋଟେ ରଙ୍ଗ ଲାଗିବ ଆମର କାନ୍ଥରେ
ଆମ ଠାକୁର ଘରେ ତୁ ବସେଇ ଦେଉ ଲକ୍ଷ୍ମୀ ନୃସିଂହଙ୍କ ପ୍ରତିମା
ଧାଡିଏ ଫୁଲକୁଣ୍ଡ ତୁ ସଜେଇ ଦେଉ ଆମ ବାଲକୋନୀରେ
ମୁଁ ସ୍ୱପ୍ନମାନଙ୍କର ଥାକ ସଜାଡୁଥାଏ ଆଖି ବନ୍ଦ କରି।

ଦେଖୁ ଦେଖୁ ଆମର ଇ ଘର ଥାଏ ଏଇ ପୃଥିବୀରେ
ଜହ୍ନକିରଣରେ ତିଆରି ହୋଇଥିବା ଏକମାତ୍ର ଘର
ଆମ ଘର ଯେତିକି ସୁନ୍ଦର, ସେତିକି ତରଳ
ଆମ ଘର ଯେତିକି ସତ୍ୟ, ସେତିକି ଶୂନ୍ୟ
ଆମ ଘର, ଏ ଜଗତରେ ଦୁଃଖ ସରିଯାଇଥିବାର ପ୍ରଥମ ଖବର।

ଆମର ପ୍ରେମ, ଏ ଜଗତର ସବୁ ମଣିଷଙ୍କ ଛାତିରେ ତିଆରି କରିବ
ଗୋଟେ ଗୋଟେ ଫୁଲ ବଗିଚା
ରକ୍ତ ବୁହାଇବାକୁ ପ୍ରସ୍ତୁତ ସବୁ ଅସ୍ତ୍ରଶସ୍ତ୍ର ତରଳିଯିବେ ଆମର ଚୁମ୍ବନରେ
ଆମର ଘର ମଣିଷ ଲାଗି ସାନ୍ତ୍ୱନାର ଜହ୍ନରାତି ହେବ।

ଆମର ଏ ଭଲ ପାଇବା
ଲେଖାହେବ, ଏମିତି ଗୋଟେ ପୁରାଣରେ
ଯାହାର ଭାଷା ବୁଝି ପାରୁଥିବେ ସବୁ ମଣିଷ
ଆମକୁ ନେଇ ଉତ୍ସବ ଥିବ ସବୁଠି
ମହାଜୀବନ ଓ ମହାମିଳନର ଉତ୍ସବ।

ଆମର ଘର ଏ ପୃଥିବୀ ଆଖିରେ ଭଲ ପାଇବାର ନିଶା ଲଗେଇଦେବ।

ପ୍ରେମର ସମ୍ବିଧାନ

ରକ୍ତରେ ଫୁଟିଥିବା ଏ ଫୁଲର କୌଣସି ବାସ୍ନା ନାହିଁ ।
ଆମର ପୃଥିବୀ ଗୋଟେ ବାସ୍ନାବିହୀନ ପୃଥିବୀ ।

ତୋର ହାତ ଧରି କହୁଛି, ମୁଁ ସେଇଠି ଅଛି ଯେଉଁଠି କେବେହେଲେ ଯୁଦ୍ଧ
ହେବନାହିଁ ବୋଲି
ଲେଖିଛି ଗୋଟେ ବାଘମୁହାଁ ରଜା
ମୁଁ ଅଛି ତୋର ବିଚିତ୍ର ବିଶ୍ୱାସଘାତକତାର ଆନନ୍ଦ ବଜାରରେ
ତୋର ନଥିବା ଇ ଏବେ ପାଲଟି ଯାଇଛି ପ୍ରେମ ।

ଗତକାଲି ମୁଁ ମଶାଲ ଜଳାଇ ବାହାରିଥିଲି ଶୋଭାଯାତ୍ରାରେ
ମୁଁ ଗଳା ଫଟେଇ ସ୍ଲୋଗାନ ଦେଇଥିଲି ସରକାର ବିରୋଧରେ
ମୁଁ ପୋଲିସର ବନ୍ଧୁକ ଆଗରେ ଦେଖୁଥିଲି
ଆମର ହିଂସା ଓ ଅହଙ୍କାରର କ୍ଷମତା
ମୁଁ ରାଜନୀତିରେ କଳନା କରୁଥିଲି ତୋର ପ୍ରେମକୁ ।

ପ୍ରେମ ବି ଗୋଟେ ଦେଶ
ପ୍ରେମର ବି ଥାଏ ଗୋଟେ ଲମ୍ବା ଚଉଡା ସମ୍ବିଧାନ
ପ୍ରେମର ସରକାର ବି ବେଳେ ବେଳେ ପୁଲିସ ଲଗାଇ
ଗୁଳି କରିପାରେ ପ୍ରେମନଗରର ନାଗରିକମାନଙ୍କୁ
ପ୍ରେମରେ ବେଳେ ବେଳେ ଆରମ୍ଭ ହୁଏ ଏକଛତ୍ରବାଦ
ଓ ତା ବିରୋଧରେ ପ୍ରେମିକମାନଙ୍କର ଆନ୍ଦୋଳନ ।

ମୋର ପ୍ରେମ ହିଁ ମୋର ରାଜନୀତି ।

ମୁଁ କେବେ କହିନାହିଁ ଯେ ପ୍ରେମରେ ମୁଁ ଅମଣିଷ ହେବି
ଓ ଜୁର କରିଦେବି ପୃଥିବୀକୁ

ତୋତେ ଛୁଇଁ କେବେହେଲେ ମିଛ କହିନି
ସବୁବେଳେ କହିଛି, ଯେଉଁଦିନ ତୋର ପ୍ରେମରେ ଅମଣିଷ ହେବାକୁ ହେବ
ସେଦିନ ମୁଁ ଦେଶଦ୍ରୋହୀ ହେବି ଅନାୟାସରେ।

ମୁଁ ପ୍ରେମିକ କେବଳ ମଣିଷ ହେବାର ଇଚ୍ଛାରେ
ମୋର ପ୍ରେମ, ଦେଶ ଲିଭାଇ ମଣିଷର ସମ୍ବିଧାନ ଲେଖିବ ପୃଥିବୀରେ।

ରାତ୍ରିମାୟା

ମୋର ରାତି ବୋଲି କିଛି ନଥାଏ।

ରାତି ହଲେ ଅନ୍ଧାରରେ ଡେଣା, ମୋତେ ଉଡାଏ ତୋର ମଦମସ୍ତ ଆଲିଙ୍ଗନରେ
ରାତି ଏକ ଖେଳ ପଡିଆ, ତୁ ଖେଳ ତୁ ଖେଳାଳୀ ସେ ପଡିଆରେ
ଆଉ ମୁଁ କେବଳ ଏକ ଫାଙ୍କା ପାଗଳ ମଇଦାନ
ରାତି ଏକ ଅଦ୍ଭୁତ ଲାବୋରେଟରୀ, ତୁ ବାରମ୍ବାର ପରୀକ୍ଷା କରୁ ମୋର ପାଗଳାମୀକୁ
ମୋତେ ଜଳାଉ ବୁନସେନ ବର୍ଣ୍ଣରରେ
ଟେଷ୍ଟ ଟ୍ୟୁବରେ ମୋର ରକ୍ତ ଓ ରେତର ମିଶ୍ରଣ
ତୋର ହିରଣ୍ୟଗର୍ଭରେ ମୁଁ ମହାପାତକର ଦ୍ରବଣ।

ମୋର ନ ଥାଏ ଜହ୍ନରାତି ଅବା ଉଆଁସ
ମୋର ନଥାଏ ଖଳ ଖଳ ରକ୍ତରେ ଜୁଆରିଆ ନଦୀ
ମୋର ନଥାଏ ତୋ ପାଖରେ କିଛି କାମନା ଅବା ପ୍ରାର୍ଥନା
କେବଳ ମୁଁ ଇ ଥାଏ ଅନ୍ଧାର ହୋଇ ତୋ ଜେଜେମାର କଜଳପାତିରେ।

ମୁଁ ତୋର ସର୍ବ ପ୍ରଥମ ଓ ସର୍ବ ଶେଷ କାମନା
ତୋର ଆଖିରେ ଅଙ୍କାବଙ୍କା ତୃଷ୍ଣାର ନାଲିରେଖା ମୁଁ
ତୋର ଭଙ୍ଗାଚୂଡ଼ିର ଅକୁହା କାହାଣୀ ମୁଁ
ତୋର ଅଶାନ୍ତ ପାଉଁଜିର ଅଶାନ୍ତ ରୁଣୁଝୁଣୁ ମୁଁ।

ମୋର ରାତି ବୋଲି କିଛି ନଥାଏ
ଜଗତରେ ରାତି ବୋଲି କିଛି ନଥାଏ
ମୋର ରାତି ତୋର ଦିନ ହୋଇ ଝୁଲୁଥାଏ ତୋର ଆପେଲ ଗଛର ଡାଳରେ
ତୋର ଉଜ୍ଜଳ ଦିନ ମୋର ରାତି ହୋଇ ଖେଳୁଥାଏ ମୋର ମନିଟରରେ।

ରାତି କିନ୍ତୁ ମୋଠୁ ଲେଖାଇନିଏ ତୋର ହୋଇ ବଞ୍ଚି ରହିବାର ଇକରାରନାମା
ଧଳା କାଗଜରେ ରକ୍ତର ଅକ୍ଷରରେ ମୁଁ ଲେଖିଦିଏ ଯେ
ମୋର ସମୁଦାୟ ଆୟୁଷ ଅନେକ କଇଁଫୁଲର ରାତି
ଓ ସେ ରାତିରେ ମୁଁ ଯିଏ, ସେଇ ତୁ ବୋଲି ପ୍ରମାଣିତ ହୁଏ ଶୂନ୍ୟରେ।

ମୋର ରାତି ବୋଲି କିଛି ନଥାଏ
ମୋର ଶୂନ୍ୟତା ବୋଲି କିଛି ନଥାଏ।

ଶାହିନବାଗ

ନିଆଁ ଜଳୁଥିବା ସେ ରାସ୍ତାରେ ଆମକୁ ଯିବାକୁ ହେବ ବଗିଚାକୁ।

ବଗିଚାମାନେ ହୋଇପାରେ ଶାହିନବାଗ ଅବା ଏକାମ୍ରକାନନ
ହୋଇପାରେ ରାଷ୍ଟ୍ରପତି ନିବାସର ମୁଗଲ ଗାର୍ଡେନ ଅବା ଶ୍ରୀନଗରର ଲାଲ ଚୌକ
ବଗିଚା ମାନେ ହୋଇପାରେ ବି
ଲକ୍ଷ ଲକ୍ଷ ଲୋକଙ୍କ କ୍ରୋଧରେ ତିଆରି ଏକ ଲୋହିତ ଆନ୍ଦୋଳନ।

ଆମକୁ ଯିବାକୁ ହେବ ସେ ବଗିଚାକୁ।

ଜାଣିଛୁ, ମୁଁ ତୋର ହାତ ଧରି ଯେତେ ଯେତେ ଆଗକୁ ଯାଉଛି
ସେତେ ସେତେ ନିଆଁ ଜଳୁଛି ରାସ୍ତାରେ
ଆମ ଆଗରେ ଜଳୁଛି ବସ୍ତି ଓ ସହର
ଆମ ଆଗରେ ଫୁଟୁଛି ଗୁଳି ଓ ହାତ ବୋମା
ଆମ ଆଗରେ ରକ୍ତାକ୍ତ ଶବମାନଙ୍କର ଏକ ନୀରବ ପଟୁଆର।

ତୋ ଭିତରେ ଯେତିକି ଭୟ ମୋ ଭିତରେ ବି ସେତିକି
ତୁ ଯେତିକି ଲୁହ ଓ ଲହୁରେ ଓଦା ସର ସର
ସେତିକି ବ୍ୟାକୁଳ ମୁଁ?

ତୁ ପଚାରୁଛୁ, ଏ ନିଆଁ କଣ ସତରେ ଲିଭିବ ନାଇଁ ?
ଆମେ କଣ ସତରେ ପହଞ୍ଚି ପାରିବା ନାଇଁ ଆମର ବଗିଚାରେ ?
ମୁଁ ତୋର ହାତ ଧରି ସେଇ ସମାନ ପ୍ରଶ୍ନ ପଚାରୁଛି
ଆମ ଆଗରେ ଲମ୍ବି ଯାଇଥିବା ରକ୍ତ ଓ ନିଆଁ ର ରାସ୍ତାକୁ।

ଜାଣେ, କେବେ ଦିନେ ଏ ନିଆଁ ଆମକୁ ବି ପୋଡିଦେବ
ଆମେ ବି କେବେ ଦିନେ ପଡି ରହିବା କେଉଁ ପୋଲିସ ଛାଉଣିରେ ବେୱାରିଶ ଲାସ ପରି

ହୁଏତ କେବେ ଦିନେ କେହି ଜଣେ ଦେଶର ମାଟିରେ ଆମକୁ କହିଦେବ ଦେଶଦ୍ରୋହୀ
ଆମର କିନ୍ତୁ ଖାତିର କରିବାର ନାଇଁ।

ଆମେ ଭଲ ପାଇଛୁ ଓ ଭଲ ପାଇବାର ପୃଥିବୀରେ ବଞ୍ଚିଛୁ
ଆମେ ବଗିଚା ମାନେ ବୁଝିଛୁ ଫୁଲ ଫୁଟିବାର ସ୍ୱାଧୀନତା
ଓ ମଣିଷ ହେବାର ଏକମାତ୍ର ସତ୍ୟକୁ
ଯେମିତି ହେଲେ ବି ପହଞ୍ଚିବାର ଅଛି ସ୍ୱାଧୀନତାର ସେ ବଗିଚାରେ ଆମକୁ।
ସେ ବଗିଚାରେ ପହଞ୍ଚିବାକୁ ଯେତେ ନିଆଁ, ଯେତେ ଗୁଳି, ଯେତେ ବାରୁଦ
ସବୁକିଛିକୁ ସାମ୍ନା କରିବାର ସାହସ
କେବଳ ଭରିଛି ତୋର ହାତ ମୁଠାରେ।

ସେଥିଲାଗି ସାରା ଜୀବନ ମୁଁ କେବଳ ତୋର ପ୍ରେମରେ।

ଅନ୍ଧାରର ଗୋଲାପ ବଗିଚା

ଏ ଅନ୍ଧାରର ରଙ୍ଗ କଳା ନୁହେଁ, ଗୋଲାପୀ।

ଏ ଅନ୍ଧାର ଦିଗନ୍ତବ୍ୟାପୀ ଗୋଟେ ଗୋଲାପ ବଗିଚା
ବଡ ବାସ୍ନାଭରା ଏ ଅନ୍ଧାରର ଯନ୍ତ୍ରଣା
ଦେହରେ କ୍ଷତମାନଙ୍କର ଏ ଫୁଲପକା ଶୋଭାଯାତ୍ରା
ବଡ ବିଷମ ଦୃଶ୍ୟ ହୋ ସୁଜ୍ଞଜନେ !
ଏ ଅନ୍ଧାର ଭିତରେ ମୋର ଫାଲଟାମରା ଛଉ ନାଚ।

ଅନ୍ଧାର ନଥିଲା ବୋଲି ଗୋଟେ ଇତିହାସ ଲେଖା ହେଉଛି ଏବେ
ନଥିଲା ରକ୍ତ ନଦୀ
ନଥିଲା ବସୁଧା ଫାଟିଯିବାର ଦୁଃଖ
ନଥିଲା ମୁଣ୍ଡକାଟ, ଅନ୍ତବୁଜୁଳା ଚିରି କେହି କେବେ ମାରିନଥିଲା ବିଜୁଳି କନ୍ୟାକୁ
ସବୁ ସୁନ୍ଦର ଥିଲା, ସବୁ ଉଜ୍ଜ୍ୱଳ ଓ ମନୋହର
ଇତିହାସରେ ଅପ୍ରାଧ ନଥିଲା, ଖାଲି ଯାହାଥିଲା
ଅନ୍ଧାରରେ ଗଢା ମହାପୁରୁ ମାନଙ୍କର କାମୁକ ଛଳନା।

ସେ ଅନ୍ଧାରରେ ମୁଁ ଶଳା ନିର୍ବୋଧ ଅପଗଣ୍ଡ
ମୋତେ ଆଦେଶ ହେଲା, ଉଠା' ପାଲିଙ୍କି, ଉଠେଇଲି
ଚାବୁକ ମାରି ମାଲିକ ହାଙ୍କିଲା, ଦୌଡ ବେ ଶଳା ଘୋଡାମୁହାଁ, ଦଉଡିଲି
ମୋ ଗାଣ୍ଡିରେ ତତଲା ଲୁହାର ଚେଙ୍କ ଦେଇ ସେ କହିଲା
ନାଚ ଡାଲଖାଇ, ନାଚ ବାଉଁଶରାଣୀ, ନାଚ ଝୁମ୍ପା
ମୁଁ କବନ୍ଧ ପରିକା ନାଚିଲି।

ସେ ଆଣିଲା ବନ୍ଧୁକ, ମୋର ଛାତିକୁ ଲକ୍ଷ୍ୟ କରି ଶିଖିଲା ରକ୍ତାକ୍ତ କରିବାର କୌଶଳ
ଆଣିଲା କଇଁଚି, ଟିକ ଟିକ କାଟିଲା ମୋର ନାଡି ଓ କଲିଜା

ଆଣିଲା ମିଛ, ମୋତେ କହିଲା, ତୋର ବି ସ୍ୱପ୍ନ ଦିନେ ସତ ହେବରେ ଶଳା
କହିଲା, ଦେଖ, ଏଇ ଅନ୍ଧାରରେ ମୁଁ ତୋ ଲାଗି ଲେଖିଛି ଉଜ୍ଜଳ ଅକ୍ଷରର ସମ୍ବିଧାନ।

ମୁଁ ପୁଣି ଡେଇଁଲି , ମାଙ୍କଡ ପରି ଉହୁଙ୍କିଲି ଏ ଡାହି ରୁ ସେ ଡାହି
ସେ କହିଲା, ଆମ୍ବବଉଳର ବାସ, ମିଛ
ରେଙ୍ଗାଲ ଗଛର ଉଚ୍ଚତା, ମିଛ
ପାହାଡ ଟିପିର ଦେବତା, ମିଛ
ଝୋଲା ପାଣିର ଗାଉଣା, ମିଛ
ଆଉ, ସେ ଇ କହିଲା, ଦେଖ, ଏଇଟା ତୋର ଗୋଲାପ ବଗିଚା
ତୋର ଅନ୍ଧାରର ରଙ୍ଗ ଗୋଲାପୀ ଗୋଲାପୀ
ତୁ ଶଳା ହାରାମଜାଦା, ଅନ୍ଧାରର ସୁନ୍ଦର ଗୋଲାପ ଗଛ।

ଏ ଅନ୍ଧାର ରେ ମୋ ପରି କେଜାଣି କେତେ କେତେ ଆହୁରି ଗୋଲାପ ଗଛ !!

■

କଟକ ଇତିହାସ

ସେ ମୋତେ କହିଥିଲା, ଇତିହାସ କଟକରେ ନାଇଁ, ଅଛି ଚୌଦ୍ୱାରରେ।

ଏଠି ଇତିହାସ ବଡ ଅଳିଆ
ବାଦାମବାଡିର କାଦୁଅ, କଦଳୀ ଚୋପା ଓ ଦୁର୍ଗନ୍ଧ ପରି
ମହାନଦୀ ଟପିଲେ ଇତିହାସ
ମହାନଦୀ ଟପିଲେ ଚାରି ଦୁଆର ଓ ଚାରି ଦୁଆରରେ ଇତିହାସର
ପୂର୍ଣ୍ଣିମା ଚନ୍ଦ୍ର ପରିକା ଚାରୋଟି ମୁହଁ।

ଇତିହାସର ଚନ୍ଦ୍ରମା କଥା କହିଲା ବେଳେ ତାର ଝାଲୁଆ ପିଠିରେ
ଚକ ଚକ ଚେନାଏ ଚନ୍ଦ୍ରମା।

ରିକ୍ସା ଗଡିଯାଉଥାଏ ଓ ରିକ୍ସାବାଲା କହିଚାଲୁଥାଏ କଟକ ଇତିହାସ।

କେଉଁ ଏକ ଜୁଲାଇ ମାସର ବର୍ଷାନଥିବା ରାତି
ଓ ମୋର ଯିବାର ଅଛି ବାରାଣସୀ
କଟକ ଚଣ୍ଡୀ ଛକରୁ ରେଳ ଷ୍ଟେସନ
ତାରି ଭିତରେ ଏତେକ ଇତିହାସ।

ରିକ୍ସାବାଲା ପାଚାରିଥିଲା, କୁଆଡେ ଯାଉଛୁ ବାବୁ
ମୁଁ କହିଲି ବାରାଣସୀ, ଇତିହାସ ଲେଖିବାକୁ ଯାଉଛି
କଟକ ଇତିହାସ ଶୁଣିବୁ, ସେ ପଚାରିଲା
କହିଲା, କୋଉ ରଜା କି ସୁଲତାନ ଗଢିନି କଟକ
କୋଉ ମହତାବ କି ବିଜୁ ପଟ୍ଟନାୟକ ଗଢିନି କଟକ
ସମାଜ କାଗଜ କି ବାରବାଟୀ, ସେଇଠି ନାଇଁ ଇତିହାସ
ଇତିହାସ ଦେଖିବୁ ତ ଯା, ଚୌଦ୍ୱାର।

କଟକଠୁ ବେଶୀ ବାଟ ନୁହଁ, ଚୌଦ୍ୱାର
ଚୌଦ୍ୱାର ଇ ଅସଲ କଟକ
ଝାଳ ଓ ନଈ ପାଣି ଏକାସାଙ୍ଗରେ ବୋହିଯାନ୍ତି ସେଇଠି
ସେଇଠି ଇ ଲୁଗାକଳର ଗେଟ ଆରପାଖେ ଇତିହାସ।

ସେ କଣ ଗଞ୍ଜେଇ ଟାଣେ, ମୁଁ ପଚାରିଲି
କହିଲା, ଗଞ୍ଜୋଡ ଲୋକର ବି ଇତିହାସ ଅଛି ବାବୁ
ମୁଁ ତେଲେଙ୍ଗା, ମୋର ରକ୍ତ ଓଡ଼ିଆ, ମୋ ମାଇପ ବାଂଲାଦେଶୀ ରିଫ୍ୟୁଜି
କହିଲୁ, ଏଠି କାହିଁ କେଉଁଠି ପୋତା ହୋଇଛି ଇତିହାସର ମଞ୍ଜି
ଆଚ୍ଛା କହିଲୁ, ଭାତର ସୁଆଦ ଏଠି ଯେମିତି, ବାରାଣସୀରେ କଣ ଅଲଗା!!

ପହଞ୍ଚିଗଲା ଷ୍ଟେସନ, ଯା ବାବୁ, ସେଠି ଆମର ଇତିହାସ କଥା କହିବୁ
ଫେରିଲେ କିନ୍ତୁ ଚୌଦ୍ୱାର ନିଶ୍ଚୟ ଯିବୁ
ସେଠି, ସେଇ ଲୁଗାକଳର ଗେଟ ପାଖରେ ତୋତେ
ଟାକି ବସିଥିବ ଇତିହାସ।

ଜାଣେ, ଜୁଲାଇ ମାସର ବର୍ଷାନଥିବା ସେ ରାତିରେ ଏଇଟା ଏକ ନିର୍ଦ୍ଦୟ ପରିହାସ।

■

ଦେଶ-ପ୍ରେମ

ପ୍ରେମର ମାଟିରେ ଗଢ଼ିଛି ତୁମର ପ୍ରତିମା ।
ତମ ଭିତରେ ଖଞ୍ଜିଛି ମୋର ଚିତ୍ର ବିଚିତ୍ର କାମନା
କୁନି କୁନି ଅହଂକାର, ଦର୍ଜି କଟା ଲୁଗା ପରି ଅନାବନା ସ୍ୱପ୍ନ
ପୃଷ୍ଠଭୂମିରେ ସଜେଇଛି ପକ୍ଷୀଯୂଥ, ବାଘ ଓ ମୟୂରର ବନସ୍ତ
ତମକୁ ଗଢ଼ିଛି ବସୁଧା
ତମକୁ ଗଢ଼ିଛି ଶତାବ୍ଦୀ
ତମକୁ ଗଢ଼ିଛି ଚିପା ଦୁଃଖର ଅଣନିଃଶ୍ୱାସୀ କଳ୍ପନା ।

ସାଲାଇନ ବୋତଲରୁ ଟିପ ଟିପ ଖସୁଥିବା ଗ୍ଲୁକୋଜ ପରି
ତମେ ମିଶୁଛ ମୋର ଶୁଖିଲା ଧମନୀରେ
ତମର ତରଳ ଦେହ
ବିନ୍ଦୁ ବିନ୍ଦୁ ମିଶୁଛି ମୋର ମାଟି ଘଟରେ
ବିନ୍ଦୁ ବିନ୍ଦୁରେ କଳସ
ବିନ୍ଦୁ ବିନ୍ଦୁରେ ନଦୀ ଓ ହ୍ରଦ
ବିନ୍ଦୁ ବିନ୍ଦୁରେ ଶୂନ୍ୟତା ଓ ସମୁଦ୍ର
ବିନ୍ଦୁଏ ତମେ ଓ ବିନ୍ଦୁଏ ମୁଁ ମିଶି
ଏକାଠି ଆମେ ପ୍ରବାହିତ ହୋଇଯାଉଛେ ମହାମୃତ୍ୟୁ ଆଡ଼କୁ
ଆମର ମରଣ ବେଳାରେ ମୁଁ ତମକୁ ଜୀବନ୍ୟାସ ଦେଉଛି
ମୋର ବିନ୍ଦୁ ବିନ୍ଦୁ ଅନ୍ଧାରରେ ।

ତମକୁ ଡାକୁଛି, ଆବାହନ କରୁଛି
ଆଗୋ ଦେବୀ! ଆଗୋ ମୋର ଅନ୍ଧାରର ଅନୁରାଧା !!
ଉଠିଆସ ଗହନ ଆକ୍ରୋଶରୁ ହେ ମୋର ଗଙ୍ଗା, ହେ ମୋର ଗାଙ୍ଗୀ!
ମଲ୍ଲିବଣର ମହକ ଭିତରୁ ଆସ ଆଗୋ କୁହୁକିନୀ-ପରମା ମାଲ୍ୟାଣୀ
ଯୌବନର ଜାଗର ଜଳେଇ କୋଣାର୍କରୁ ଉଠିଆସ ଗୋ ମୋର ଅଭିସାରିକା
ଜାଗ ଜାଗ ଜାଗ ଆଗୋ ଯନ୍ତ୍ରଣାର ଜୀବନ ରାଗିଣୀ!

ଆସ ମୋର ପିଣ୍ଡ କୁ ବାଲି ଓ ଲୁଣ ହୋଇ
ଆସ ମୋର ଭୋକକୁ ଉଷୁନା ଭାତ, ମହୁରାଳି ବେସର ହୋଇ
ଆସ ମୋର ରାଜରାସ୍ତାକୁ ପତାକା ଓ ସ୍ଲୋଗାନ ହୋଇ
ମୋର ନିରକ୍ଷର ଆକାଶର ବର୍ଣ୍ଣମାଳା ଗୋ ତୁମେ
ଆସ ମୋର ମୁକ୍ତିର କଳଙ୍କ ହୋଇ।

ତମେ ମୋର ଅନ୍ଧାରର ପ୍ରତିମା
ମୋର ପାପ ଓ କଳଙ୍କ
ମୋର ରକ୍ତ ସରସର ଜନ୍ମ ଜାତକ ତମେ
ତମକୁ ମୁଁ ଗଢିଛି ମୋର ଦେଶ ପରି
ମୋର ଦୁଇ ବାହୁରେ ତମେ ଫର ଫର ମୋ ଦେଶର ଜାତୀୟ ପତାକା
ତମେ ମୋ କଣ୍ଠରୁ ସମ୍ଭ୍ରମରେ ଫିଟି ପଡୁଥିବା ଜାତୀୟ ସଙ୍ଗୀତ।

ତମେ ପ୍ରେମ, ତମେ ମାଟି
ତମେ ମୋର ଦେଶ ଓ ଦେଶାତୀତ ?

ଦେହ; ପକ୍ଷୀଙ୍କ ମାନଚିତ୍ର

ଏ ଆଖି ମୋର ନୁହଁ ତ
ମୋର ନୁହଁ ଦୁମ୍ ହେଇ ଫୁଲି ଯାଇଥିବା ଏ ଆଖିପତା
ମୋର ମୁହଁ ଜାଗାରେ ଏ କେଉଁ ପୁରୁଣାକାଳିଆ ସ୍ଥାପତ୍ୟ
ମୋ ଭିତରେ ବସା ବାନ୍ଧିଥିବା ସୌନ୍ଦର୍ଯ୍ୟ ର ଉଜାଡ ଅରଣ୍ୟ ମୋର ମୁହଁ
ଆଜି ଘୋଷଣା କରୁଛି ମୁଁ ଇ ମୋର ନୁହଁ।

ଦେହ ବୋଇଲେ ଅଗଣନ ଚଢେଇଂକର ଏକ ମିଳିତ ମାନଚିତ୍ର
ସେଠି ଆଖି ଦୁଇଟି ଘର ଚଟିଆ ପରି
ନାକ ଗୋଟେ ଶୁଆ ର ଥଣ୍ଟ
କପାଳ ଗୋଟେ ଘୁମୁରା ପାରା ର ପିଠି
ଛାତି ଯେମିତି ଗୋଟେ ଅସନ୍ତୁଷ୍ଟ କୁଆ
ଗୋଡ ଦୁଇଟି ସତେ ଅବା ଦୁଇଟି ପେଂଗୁଇନ୍
ହାତ ଦୁଇଟି ଶଂଖଚିଲର ଡେଣା
ଓ ମୋଟାମୋଟି ସାରା ଦେହ ପକ୍ଷୀମାନଂକର ପ୍ରଗଣା।

ଦେହ ଭିତରେ ଥାଏ ବି ପ୍ରକାର ପ୍ରକାର ଉଡାଣ
କିଏ ଖଣ୍ଡି ଉଡା ଦିଏ ତ ଆଉ କିଏ କ୍ଷେପି ଯାଏ ଯୋଜନ ଯୋଜନ ଆକାଶ
କିଏ ବରଫର ପ୍ରାନ୍ତର ଉପରେ ଚାଲୁଥାଏ ଢଳି ଢଳି
ଯେତେ ପକ୍ଷୀ ସେତେ ପ୍ରକାର ଉଡାଣ, ସେତେପ୍ରକାର ଚାଲି
ଏଇ ଦେହରେ କିଏ ସେ ଯୋଖିଛି ଏକ ସୂତ୍ରେ ବିହଂଗମ ବୋଲି।

ବିହଂଗ ବିଳାସର ଏ ଦେହ ଭିତରେ ଅସାଡ ହୋଇ ପଡିଛି କିଛି ଡେଣା
ଅଦ୍ଭୁତ ଭାବରେ ଶୂନ୍ୟ ଲାଗୁଛି ଅଂଗ-ବିହଂଗର ଉଡାଣ
ଦେହ ଭିତରେ କେମିତି ଗୋଟେ ଆକାଶେଇ ଯାଉଛି ଯନ୍ତ୍ରଣା
ମୁଁ ଉଡେଇ ଦେବାକୁ ଚାହୁଁଛି ଆଖିକୁ, ପକ୍ଷୀକୁ
ମୁଁ ନଚେଇ ଦେବାକୁ ଚାହୁଁଛି କପାଳକୁ, ନୀଡ଼କୁ

ମୁଁ ଯନ୍ତ୍ରଣା ର ଆକାଶରେ ଆଂକିବାକୁ ଚାହୁଁଛି ଇନ୍ଦ୍ରଧନୁ
ପକ୍ଷୀ ର ଦେହ କିନ୍ତୁ ଭଲ ନାଇଁ
ପକ୍ଷୀର ଡେଣାରେ କବିତାର କରୁଣା ବାଜୁଛି, ତମେ ଶୁଣି ପାରୁଛ କି ନାଇଁ ! !

ପ୍ରେମ; ବାଟବଣା ଲହ

ମୁଁ ନଥିଲା ବେଳେ ତମ ଭିତରର ଭଲପାଇବା
କାହା ପାଖରେ ଥିଲା-
ଭାରି କୋମଳ, ଭାରି ମାରାତ୍ମକ ତୁମର ପ୍ରଶ୍ନ
ହୁଏତ କବିତାର ଭାଷାରେ ତମକୁ କହିପାରିଥାନ୍ତି-
ତମେଇ ଆରମ୍ଭ, ତମ ଠାରେ ଶେଷ ମୋର ଭଲପାଇବା
ଜାଣେ, କବିତା ମାନେ ଇ ଖୁବ ସୁନ୍ଦର ମିଛ ଧାଡିଏ କହିବା !!

ତମ ଆଗରେ ମିଛ କହିଥାନ୍ତି କେମିତି
ଜାଣେ ପରା, ତମେ ମିଛକୁ ତରଳ କରି ଜାଳି ଦେଉଥିବା ମହମବତୀ।
ତମେ ନଥିଲା ବେଳେ ଆହୁରି କେତେ କେତେଙ୍କ ଆଗରେ
ମୁଁ ଖୋଲିଛି ମୋର ପ୍ରେମକୁ
କେବେ ଥୋପ ପରି, କେବେ ଜାଲ
ପୁଣି କେବେବା ଅହଂକାର ପରି
ବହୁ ଅବତାରୀ ମୋର ପ୍ରେମ
କେବେ ଲକ୍ଷ୍ୟ ଭେଦି ପାରୁନଥିବା ତୀର ପରି
ପୁଣି କେବେ ମାଛରଙ୍କା ଚଢେଇର ସତର୍କ ବୁଡାଣ ପରି।

ତମେ କିନ୍ତୁ ନଥିଲ କେଉଁଠି
ସାରା ଅତୀତ ତମେ ନଥିବାର ଏକ ସାଦା କାଗଜ।

ମୁଁ ରକ୍ତରେ ଚିଠି ଲେଖିଥିଲି
ମଲ୍ଲୀ ଫୁଲକୁ ଭଲପାଉଥିବା ଗୋଟେ ଝିଅର ଠିକଣାରେ
ମୁଁ ମରିଯିବି ବୋଲି ବାହାରିଥିଲି
ମୋର ତୃତୀୟ ପ୍ରେମିକା ବାହା ହୋଇଗଲା ପରେ
ମୁଁ ଦୀପ ରୁଖାରେ ହାତ ଦେଇ ଶପଥ କରିଥିଲି
ଆଉ କେବେହେଲେ ପଡିବିନାହିଁ ବୋଲି ଆଉ କାହାର ପ୍ରେମରେ।

ତମ ନଥିବା ବେଳେ ତମେ ଆସିବ ବୋଲି ମୁଁ କଳ୍ପନା କରିନାହିଁ କେବେହେଲେ।

ତମେ ଆସିବା ଓ ତମ ସହ ମୋର ଭଲପାଇବା
ବାଟବଣା ଲହ ଗୋଟେ ନିଘଞ୍ଚ ଜଙ୍ଗଲରେ
ତମର ମୋର ଭଲପାଇବା
ଜଙ୍ଗଲ ମଝିରେ ବାଟ ହଜେଇଦେବାର
ଏକ ଆଶ୍ଚର୍ଯ୍ୟତର ଆନନ୍ଦ
ଭଲପାଇବା ମରିଯାଉଥିବା ଆମର ଟାଙ୍ଗରା ପୃଥିବୀରେ।

■

ଆଧାର କାର୍ଡ୍

ସ୍ୱପ୍ନର ଝୀନ ଅନ୍ଧାରରେ ସେ ଲୋକ ମୋତେ ପଚାରେ-
ତମର ନମ୍ବର କେତେ ?

ମୁଁ ବୁଝିପାରେନା, ତାକୁ ବତାଏ ମୋର ନାଁ, ଗାଁ, ଠିକଣା ଓ ବଂଶ ପରିଚୟ
ତାକୁ ଦେଖାଏ ମୋର ହାତ, ଗୋଡ, ଦେହ ଓ ନାଗରିକ ହେବାର ପ୍ରମାଣପତ୍ର
ସେ ମୋତେ ଅନାଏ, ସତେ ଯେମିତି ମୁଁ କେଉଁ ଚିଡିଆଖାନାର ଜନ୍ତୁ
ସେ ପାନ ଛେପ ଢୋକି ଆଉ ଥରେ ଶକ୍ତ ଗଳାରେ ପଚାରେ ମୋତେ –
ତମର ନମ୍ବର କେତେ ?

ମୋର ମଣିଷ ହେବା ଯଥେଷ୍ଟ ନୁହଁ ମୋର ଦେଶ ଲାଗି
ମୋର ଧମନୀରେ ବହୁଥିବା ରକ୍ତ, ମୋର କଲିଜା, ହୃତପିଣ୍ଡ, ଶ୍ୱାସ ପ୍ରଶ୍ୱାସ
ମୋର ଅସୁମାରୀ ରାତିର ସ୍ୱପ୍ନ ଓ ଭଲ ପାଇବା
ମୋର ଜମି, ବିହନ ଓ ସହସ୍ର ପୁରୁଷର ଦେଶସେବା
ମୋର ଦେଶ ଲାଗି ଯଥେଷ୍ଟ ନୁହଁ ମୋର ଭଲ ପାଇବା ।

ସେ ଲୋକ ମୋତେ ବୁଝାଏ-
ଦେଖ, ଏ ଦେହ ତମର ନୁହଁ
ତମେ କେବେ ହୁଏତ ପାଲଟି ଯାଇପାର ଗୋଟେ ମଣିଷ ବୋମା
କେବେ ହୁଏତ ତମ କଳ୍ପନା ପାଲଟି ଯାଇପାରେ ମାରଣାସ୍ତ୍ର
କେବେ ତମେ ହୁଏତ ଦେଶକୁ ଲୁଟ୍ କରି ଉଡି ଯାଇପାର ବିଦେଶ
ତମ ମନ ଭିତରର ଭାବନା ତମକୁ ହୁଏତ ବନେଇପାରେ ସନ୍ତ୍ରାସବାଦୀ ଅବା ନକ୍ସଲ୍
ହୁଏତ କେବେ ତମେ ଠିଆ ହୋଇପାର ସରକାର କୁ ଓପାଡି ଦେବାକୁ ସିଂହାସନରୁ ।

ମୋ ଭିତରେ ଦେଶଦ୍ରୋହର କେତେ କେତେ ସମ୍ଭାବନା ଯେ ଲୁଚିଛି
ସେ ଲୋକ ଗୋଟି ଗୋଟି କରି ବୁଝାଏ ମୋତେ

ମୋତେ ଠିଆ କରାଏ ଗୋଟେ କମ୍ପ୍ୟୁଟର ଆଗରେ ଓ ମୋତେ ରୂପାନ୍ତରିତ କରେ
ଗୋଟେ ସଂଖ୍ୟାରେ
ସେଇ ସଂଖ୍ୟା ଭିତରେ ପୂରାଏ ମୋର ଆଖିଡୋଳା ଓ ରକ୍ତର ନମୁନା
ଦେହର ରହସ୍ୟ ନେଇ ସେ ମୋତେ ବତାଏ- ଶୁଣ, ଆଜିଠୁ ତମେ ଗୋଟେ ନମ୍ବର।

ଗୋଟେ ନମ୍ବର ମୋର ଅସ୍ତିତ୍ୱ
ମୋର ଗଣତନ୍ତ୍ର ଓ ସମ୍ବିଧାନ
ଗୋଟେ ନମ୍ବର ଦେଶ ଭିତରେ ମୋର ଦେଶପ୍ରେମ
ଗୋଟେ ନମ୍ବରକୁ ନେଇ ସୀମୀତ ଓ ସମାହିତ
ମୋର ସ୍ୱାଧୀନତା, ମୋର ଅଧିକାର ଓ ମୋର ମଣିଷ ହେବାର ପ୍ରମାଣ।

■

ଘର ଖୋଜା

ଏ ଘର ଭିତରେ ଘର ନାହିଁ, ଆଉ କିଛି ଅଛି
ଏ ଘର ଭିତରେ ଅଛି ବର୍ଷ ବର୍ଷର ଅଳନ୍ଧୁ ଓ ଅଳିଆ
ଅଛି ଗୋଟେ ଶୂନ୍ ଶୂନ୍ ଭୟ
ଅଛି କିଛି ପୁରୁଣା ବହି ଯାହାର ଅକ୍ଷର ସବୁ ବିସ୍ମୃତି ପରି
ଅଛି ବି ଗୋଟେ ବେସୁରା ହାର୍ମୋନୀୟମ୍
ଏ ଘର ଭିତରେ ତମେ କେବେ ନଥିଲ, ଆଜି ବି ନାହଁ।

ଅଥଚ ଏ ଘରେ ମୁଁ ତମ କଥା ଇ ଭାବେ
ତମେ ଥିଲେ ହୁଏତ ଏ ଘର ଏମିତି ହୋଇନଥାନ୍ତା
ତମେ ହୁଏତ ବହି ଥାକରୁ ଖୋଜିପାରିଥାନ୍ତ ବିସ୍ମୃତି
ଓ ବିସ୍ମୃତି ଭିତରେ କବିତା
ତମେ ହୁଏତ ହାରମୋନିୟମ୍‌ର ଭଂଗା ରିଡ୍ ରେ
ନୁଆ କରି ଗଢିଥାନ୍ତ ରାଗ ୟମନ୍ କଲ୍ୟାଣ କି କେଦାର କାମୋଦୀ।

ତମେ ଏ ଘରେ ହୁଏତ ରହିବାର ଥିଲା
ଯେମିତି ହଜିଯାଉଥିବା ବସନ୍ତ ଋତୁରେ ଥାଏ ଆମ୍ବ ବଉଳର ବାସ୍ନା
ଯେମିତି ପୁରୁଣା ଘଡିରେ ଭଂଗା ସମୟର ଗୋଡ
ଯେମିତି ନାଚ ଭିତରେ ଗୋଟେ ଉନ୍ମାଦ ସ୍ଥିରତା
ତମେ ହୁଏତ ସଜେଇବାର ଥିଲା ଏ ଘରକୁ
ମୋର ଦେହ ପରି କାନ୍ଥ
ମୋର ଆଖି ପରି ଝରକା
ମୋର ଛାତି ପରି ଦୁଆର
ମୋର ଚୁମ୍ବନ ପରି ଛାତ ଓ ଚଟାଣ ମଝିର ଶୂନ୍ୟତା
ମୋର ରୁଢିଆ ମୁହଁ ର ଅସନ୍ତୋଷ ଯେମିତି ସାରା ଦୁଆର
ତମେ ଥିଲେ, ଏ ଘର ହୁଏତ ଅଲଗା ଲାଗିଥାଂତା ଗୋଟେ ପ୍ରକାର।

ହୁଏତ ଏ ଘରର ରୋଷେଇ ଘରେ ଦେହ ଭିତରେ ଫୁଟିଥା'ନ୍ତା ଅର୍ଣ୍ଣ
ଗାଧୁଆ ଘରୁ ଶୁଭିଥା'ନ୍ତା ଈଶ୍ୱର ନାହାନ୍ତି ବୋଲି ବିଶ୍ୱାସ କରୁଥିବା
ଗୋଟେ ବିଚିତ୍ର ଲୋକର ପ୍ରାର୍ଥନା
ଶୋଇବା ଘରେ ଅସରପା ଓ ଝିଟିପିଟି'ଙ୍କ ରମଣ
ଖାଇବା ଟେବୁଲ୍ ରେ ମହୁରାଳି ବେସର, ସିଝା ପରିବା ଓ ଭୋକ ନଥିବା ଗୋଟେ ପେଟ।

ଏ ଘରୁ ରାସ୍ତା ନଥି ହୁଏତ
ବୋଧେ ଅମୁହାଁ ମନ୍ଦିର ପରି ତମେ ଗଢିଥାନ୍ତ ଏକ ଘର।

ତମେ ଥିବା ଓ ତମେ ନଥିବାର ଘର କଣ ସତରେ ଦୁଇ ପ୍ରକାର
ନା ତମେ ନଥିଲେ କୌଣସି କାନ୍ଥ କେବେ ହେଲେ ହୋଇ ପାରେନା ଘର !!

■

ଜହ୍ନରାତିର ଘର

ତମ ପାପୁଲିରେ ଏ ଜହ୍ନ ଆଜି ରାତିକ ଲାଗି ଥାଉ
ଥାଉ ତମ ବଗିଚା କୋଣରେ ମହୁମାଛି ର ବାହ୍ଵ
ତମର ମୋବାଇଲ୍ ଆଜି ଉଜ୍ଜଳତମ ଜହ୍ନରାତିର ମାଦକଭରା ମେହେଫିଲ୍।

ଟିକେ ସମୟ ଲାଗି ହୁଏତ ତମର ଦୃଷ୍ଟ ଆଖିରେ ଆଜି
ରମାକାନ୍ତ ରଥଂକ କବିତାର ରହସ୍ୟମୟ ଜହ୍ନ
ଏଣେ ମୁଁ ନିୟମଗିରିର ପୂର୍ଣ୍ଣମୀ ରାତିରେ
ପୁଲିସ୍ ହାତରୁ ମାଡ ଖାଇଥିବା ଲଦ ସିକକାର ପିଠି
ତମର ଜହ୍ନରାତି; "ଯେଉଁ ଠାରେ ଓହ୍ଲାଇଲେ ସେଇଠାରେ ତମର ଆଲିଂଗନ"
ମୋ ଜହ୍ନରାତିର ପିଠି ଏ ପୃଥିବୀର ନିର୍ଜନତମ ପ୍ରତିବାଦ
କ୍ଷତଭର୍ତ୍ତି – ଲହୁରେ ଲୁହାଣ।

ବେଳେ ବେଳେ ଜହ୍ନରାତିରେ ତମକୁ ଦେଖେ ମୁଁ ସର୍ବୋଦୟ ପରି
ସବୁରି ଆଖି ଲୁହରେ ଚିକ୍ ଚିକ୍ ତମର ଚନ୍ଦ୍ରମା
ସବୁରି ଭୋକରେ ରାଉ ରାଉ ଆମର ପ୍ରେମ
ସବୁରି କ୍ରୋଧରେ ଆମର ଜୀବନ ଲାଗେ ଯେମିତି
ଜଂଗଲର ନିଆଁ ଓ ଜୋଛନାର ଅପୂର୍ବ ସମାଗମ।

ତମର ପାପୁଲିରେ ଏ ଯେଉଁ ଜହ୍ନରାତି
ହୁଏତ ସେଟା ମୋ ଦେଶର ଶେଷ ବିନ୍ଦୁ ଗଣତନ୍ତ୍ର
ମୋର ଅଧିକାର ମାଗି ପାରିବାର ଚୂଡାନ୍ତ ସାହସ।

ତମର ପାପୁଲିରେ ଏ ଜହ୍ନରାତିକୁ ଥୋଇଦେଇ
ମୁଁ କାଠ କାଟିବାକୁ ଯାଉଛି
ମୁଁ ଦାଦନ ଖଟିବାକୁ ବସୁଛି ଗୋଟେ ଅନ୍ଧ ରେଳଗାଡିରେ
ମୁଁ ଯାଉଛି ପଇସା କମେଇବାକୁ ଆମେରିକା

ମୁଁ ମରିବାକୁ ଯାଉଛି ଲିବିୟା କି ସିରିୟା କି ଇଥିଓପିଆ
ଯୁଆଡେ ବି ଯାଉଛି, ତମ ହାତରେ ସୁରକ୍ଷିତ ମୋର ଜହ୍ନରାତି
ଭରସା କରିଛି।

ଜାଣିଛି, ସବୁଠି ଜହ୍ନରାତି କୁ ନେଇ କବିତା ଲେଖିହେବ ନାହିଁ
ବୋମା ସହ ଜୋଛନା କି ଶୋଷଣ ସହ ଚନ୍ଦ୍ରମା ର ଉପମା
ଭଲ ଲାଗିନପାରେ ବିଦ୍ରୋହୀମାନଂକୁ
ଏମିତି ବି ହୋଇପାରେ ଯେ ଜହ୍ନରାତିକୁ ରକ୍ତ ଜୁଡୁବୁଡୁ ଚଦର
ମନେ କରୁଥିବା କମ୍ରେଡ୍
ନିଜ ବାୟୋନେଟ୍ ରେ ଫଟେଇ ଦେଇ ପାରନ୍ତି ମୋର ଶିଶୁ ଚନ୍ଦ୍ରର ମୁଣ୍ଡ
ତେଣୁ ତମରି ପାପୁଲି, ମୋର ସୁରକ୍ଷା ଓ ସ୍ୱପ୍ନର ଚାରି ଇଂଚ୍ ମାତ୍ର ବ୍ରହ୍ମାଣ୍ଡ।

ଯଦି ମୁଁ ଫେରି ଆସେ କାଠକଟାରୁ, ଦାଦନରୁ
ଲୋଭ ର ଫାଶ ଅବା ଭୋକର ଜନ୍ତାରୁ
ତେବେ ଏ ଜହ୍ନରାତି ଆମର
ଯଦି ମୁଁ ମରିଯାଏ କି ହଜିଯାଏ
ଯଦି ମୋତେ ମାରି ଦିଆଯାଏ ବା ହଲାଲ୍ କରାଯାଏ
ତେବେ ଏ ଜହ୍ନରାତି ଆମେ ପୃଥିବୀ ଲାଗି ଦେଖିଥିବା
ଏକାମାତ୍ର ସ୍ୱପ୍ନର ମଧ୍ୟାନ୍ତର।

ଏ ଜହ୍ନରାତିର ଘର, ସବୁବେଳେ ଉଜ୍ଜଳ-ଅନ୍ଧାରତର।

■

ତମର ନଥିବା

ତମ ସହ କେବେ ମୋର ଦେଖା ହେଲା, ମୋର ମନେ ନାହିଁ।

ତେବେ ସେଦିନ କଥା ମନେ ଅଛି, ଯେଉଁଦିନ ଗୋଟେ ନୁଆ ସହରର ଭିଡ ଭିତରେ
ଥର ଥର .କମ୍ପୁଥିଲା ମୋର ଶୈଶବ, ତମେ ସେଠି ନଥିଲ
ତମେ ନଥିଲ ମୁଁ ବାପାଂକ ମୁଣ୍ଡରୁ ପାଚିଲା ବାଳ ଖୋଜୁ ଖୋଜୁ ବୋର୍ ହେଉଥିବାବେଳେ
ନଥିଲ ବି ନଈ ପହଁରାର ପ୍ରଥମ ସକାଳ, ସିଲଟ ଉପରେ ପ୍ରଥମ ଅ' କାର
ଲେଖିଲା ବେଳେ
ଆମ ଘର ଉପରେ କଖାରୁ ଡଂକ ଛାନୀକୁ ଛୁଇଁ ଆକାଶକୁ ଗେଲ ଗଲାବେଳେ
ମନେ ଅଛି ତମେ ନଥିଲ ମୋ ସାଂଗରେ।

ତମେ ଥିବା ଅପେକ୍ଷା ତମେ ନଥିବାର ସମୟ ଏବେ ଲାଗୁଛି ଅଧିକ ଆଲୋକିତ
ହରିଣ ପରି ଦଉଡୁଥିବା ସୁଖର ଦିନ ହେଉ କି କଇଁଛ ପରି ଅଳସୁଆ ଦୁଃଖର ସମୟ
ଫି ରାତିରେ ଚିରାଫଟା ସ୍ୱପ୍ନର ଡଷ୍ଟବିନ୍ ହେଉ ଅବା ଛାତି ଭିତରେ ପ୍ରଜାପତି
ଡେଣାର ଆଲୁଅ
ତମେ ନଥିବାର ବେଳ ମାନେ ଅଧିକ ତେଜୀୟାନ୍, ଅଧିକ ବର୍ଣ୍ଣମୟ।

କେବେ କେବେ ଲାଗେ ମୁଁ ଦିନ ଆଲୁଅରେ ଲଂଠନଟିଏ ଜଳେଇ
ତମକୁ ଖୋଜି ବୁଲୁଥିଲି ଏଥେନସ୍ ଅବା ଶ୍ରାବସ୍ତିରେ
ଯେଉଁ ଦିନ ପ୍ରଥମ ତାଣ୍ଡବ ରଚନା ହେଲା କୈଳାସରେ, ହୁଏତ ତମକୁ ଖୋଜୁ ଖୋଜୁ
ମୋର ପୁରୁଣା ତାଳବାଦ୍ୟର ଲୟ ଲିଭିଗଲା ତମ ଶୂନ୍ୟରେ।

ମାଗିଲି ଟିକେ ଛାଇ, ତମେ ଦେଲନି
ମାଗିଲି ଝାଳ ସରସର ହାତରୁ ଟୋପେ ଉଷ୍ମତା, ତମେ ଶୁଣିଲନି
ମାଗିଲି ଆଗୋ ମୋର ଲଳିତ ଲବଂଗଲତା, ଦିଅ ତମ ତୃଷ୍ଣାରୁ ସୂତାଏ
ତମର ଉତ୍ତର ଫେରିଲାନି।

୮୨ | କେଦାର ମିଶ୍ର

କୋଉଠି ଥିଲ ତମେ, କେବେବି ପଚାରିନି
ତମେ ଥରେ କହିଥିଲ, ମୋତେ ଖୋଜୁ ଖୋଜୁ ତମେ କୁଆଡେ ଚମ୍ପାଫୁଲ ହୋଇ
ଫୁଟିଥିଲ ମୋର ସ୍ୱପ୍ନରେ
ଅଥଚ ଚମ୍ପାଫୁଲକୁ ମୁଁ ଚିହ୍ନିଲି ଯାଇ କେତେ ଯୁଗ ପରେ !!
ଆଉଥରେ କହୁ କହୁ ତମେ କହିଥିଲ ଯେ ଷୋହଳ ବର୍ଷ ବୟସର ତମର ପ୍ରଥମ ଯୌବନ
କାଳେ ନଈପାଣି ପରି, ଧିରେ ଧିରେ ବୋହିଥିଲା ମୋର କଳା ପଥରର ଦେହ ଉପରେ।

ତମର ଆସିବା ଓ ମୋର ପଥର ପାଲଟି ଯିବା ,କେଜାଣି କାହିଁକି ଘଟେ ଏକା
ସାଂଗେ, ସବୁ ସମୟରେ।

■

ପ୍ରେମାଳାପ

ପ୍ରେମରେ ଅଛି ବୋଲି ପୃଥିବୀ ଘୂରୁଛି ।

କାଗଜ ଗ୍ଲୋବ୍ ରେ ଘୂରୁଛି ରଂଗ
ନୀଳ, ସବୁଜ ଓ ହଳଦୀ ରଂଗର ଖେଳ
ସମୁଦ୍ର ପରି ଯାହା ଦିଶୁଛି, ସେଠି ଢେଉ ଭାଂଗୁଛି ଯୌବନ
ସେ ଧୂସର ରଂଗର ମହାଦେଶ, ସେଠି ପ୍ରସରି ଯାଇଛି ତମର ଆଲିଂଗନ
ଆମର ପୃଥିବୀ, କେବେ କେମିତି ନିଜକୁ ଶୁଭୁଥିବା ନିଜ ଛାତିର ସ୍ପନ୍ଦନ ।

ମୋତେ ପ୍ରଚୁର ଶୋଷ, ମୁଁ ତମକୁ ସେତେବେଳେ ନଈ ବୋଲି ଡାକେ
ମୋର ଭୋକ ବେଳେ ତମେ ଦେଉଳ ଭିତରର ଅନ୍ନପୂର୍ଣ୍ଣା
ଯୁଦ୍ଧ କୁ ଗଲାବେଳେ ତମର ବେଣୀ ଖୋଲା ଓ ତମର ମୁହଁ ଥମ୍ ଥମ୍ ଉଆଂସ ରାତି ପରି
ମୁଁ ଅକ୍ଷର ଚିହ୍ନିଲା ବେଳେ, ତମେ ସ୍ୱରବର୍ଣ୍ଣ ର ସରସ୍ୱତୀ ।

ସେତିକି ଖାଲି ନୁହଁ, ମୁଁ ତମର ଗର୍ଭରେ ଭ୍ରୁଣ ହୋଇ ବଢେ଼ ଓ ତମର ଛାତି ତଳେ
ମୁଁ ସେଇ ରହସ୍ୟମୟ ଓଲଟ ବୃକ୍ଷ
ତମକୁ ଉଡାଏ ମୁଁ ପକ୍ଷୀ କରି, ଅଠାକାଠି ଧରି ଅପେକ୍ଷା କରେ
ଫସେଇ ଦେବାକୁ ତମକୁ ମୋର ଫାନ୍ଦରେ
ତମକୁ ଝରାଏ ପୁଣି ମୋ ଆଖିର ଶ୍ରାବଣ କାନ୍ଦରେ ।

କେତେ କେତେ ଥର ତମକୁ ଖୋଜିବାକୁ ଯାଇଛି ମୁଁ ନିଜ ଭିତରକୁ
ନିଜ ଭିତରେ ଏତେ ଯେ ଜଂଗଲ ଜଣା ନଥିଲା ମୋତେ
ମୋ ଭିତରେ ଏତେ ବାଘ ଓ ମୟୂର
ମୋ ଆକାଶରେ ଏତେ ମେଘ ଓ ଶଂଖଚିଲ
ମୋ ଭିତର ଇ ବୀଣା ପରି ବାଜେ ଓ ତମେ ଶୁଭ ମୋ ଭିତରୁ
କେଉଁ ଦୂର ମସଜିଦ୍‌ର ଆଜାନ ପରି ।

ତମେ ମୋ ଭିତରର ଯୁଦ୍ଧ ଓ ତମର ପ୍ରେମରେ ମୋ ଭିତରେ ଏତେ ରକ୍ତପାତ।

ତମେ ବଜାର ଓ ମୋର କହିପାରୁନଥିବା କଥା ମାନଂକର କୋଳାହଳ
ମୋତେ ପ୍ରେମ କରୁଛ ବୋଲି ହସି ହସି ତମେ ମୋତେ ଧୂଳିସାତ୍ କର।

ଅଦ୍ଭୁତ ଏ ପୃଥିବୀ, ଘୂରି ଘୂରି ତମରି ଆଖିରେ ସ୍ଥିର
କେବେ ଦୁଃଖ, କେବେ ପୁଣି ରକତ ପୋଖରୀ ସାରା ଲକ୍ଷେ ଶତଦଳ।

■

ପୁରୁଷ

ଫାଳେ ଦେହ ଓ ଫାଳେ ପୃଥିବୀ ମୋର
ତୋତେ କହିଛି, ଆର ଫାଳକ ତୁ
ତୁ ହସିଦେଇଛୁ, ଯେମିତି ଅବୋଧ ଶିଶୁର କଥାରେ ହସି ଦିଏ ତାର ମାଁ।

ବଡ ରହସ୍ୟମୟ ତୋର ହସ
ସବୁଠୁ ତୀବ୍ର ଯନ୍ତ୍ରଣାରେ ବି ତୁ ହସି ଦେଇପାରୁ ଅନାୟାସରେ
ପିଆଜ କାଟୁ କାଟୁ କେବେ ଦି ଫାଳ ହୁଏ ଆମର ପୃଥିବୀ
ମୁଁ ରନ୍ଧା ତିଅଣର ସ୍ୱାଦରେ ଏତେ ସମ୍ମୋହିତ ଯେ
ଆର ଫାଳକରେ ପୋଡୁଥିବା ତୋର ଛାତିତଳ ମୋ ଆଖିକୁ ଦିଶେନା।

ମୁଁ ତୋତେ ଶୁଣାଏ ସମତାର ସ୍ଲୋଗାନ୍
ପୁଣି ତୁ ହସିଦେଉ, ବୋଧେ ତୋ ଆଖିରେ ଧରା ପଡିଯାଏ
ମୋ ସ୍ଲୋଗାନ୍ ସେପାଖର ପଂଜୁରୀ
ମୁଁ ସାରା ଆକାଶ ତୋର୍ ବୋଲି କହେ ଓ ଏକା ଉଡିଯାଏ ତୋତେ ଛାଡି
ତୁ ମୋତେ ଅପେକ୍ଷା କରିଥାଉ ମୋର ଫେରିବା ଯାଏ।

ମୁଁ ତୋର ଆକାଶ ଓ ତୁ ମୋର ଉଡାଣ ବୋଲି ମୁଁ ପୁନଶ୍ଚ ମିଛ କହେ।

ଏଥର ବି ତୁ ହସି ଦେଉ
ମୁଁ ଭାବେ, ସବୁଥର ପରି ଏବେବି ତୁ ସେଇ ନିର୍ବୋଧ ବାଳିକା
ସବୁଥର ପରି ତୁ ମୋର ମାଁ, ଭଉଣୀ, ପତ୍ନୀ ଓ ପ୍ରେମିକା
ତୋର ହସ ମୋର ପୁରୁଷପଣକୁ ବିଦ୍ରୁପ କରୁଥିବା
ଏ ଜଗତର ସବୁଠାରୁ ସଶକ୍ତ ନିରବତା
ସବୁ କାଳେ ସବୁ ପୁରୁଷ ଭେଦିବାକୁ ଅକ୍ଷମ ଏଇ ନିରବତା।

ଏବେ ଯୁଦ୍ଧକୁ ଯିବାର ବେଳ

ନିଆଁ ଲାଗିଥିବା ମାନଚିତ୍ର ଲାଗି ପାଣି ନୁହଁ, ରକ୍ତ ଲୋଡା
ମାଗୁଛି ସେନାପତି, ରକ୍ତ ଦିଅ ରକ୍ତ ଦିଅ
ମାଗୁଛି ଦେଶନାୟକ, ରକ୍ତ ଦିଅ ରକ୍ତ ଦିଅ
ମାଟି ର ଶୋଷ ମେଂଟିବାଲାଗି ରକ୍ତ, ତତଲା ରକ୍ତ ଦିଅ।

ଦିଅ, ଯୁଆନ ରକ୍ତର ଲୋହିତ ଶିଖା
ଦିଅ, ଅଂଗାରଭର୍ତି ଉହ୍ମେଇ
ଦିଅ, କଳା କଜଳ ର କଳଂକିତ ରାତି
ଦିଅ, ପୂର୍ବାଶାର ଛାତି ଫଟେଇ ତମ ଆୟୁଷର ଶେଷ ସୂର୍ଯୋଦୟ
ମାଗୁଛି ଦେଶନାୟକ, ଦିଅ ରକ୍ତ ଦିଅ ରକ୍ତ ଦିଅ।

କାଲି ଭୋକରେ ଭର୍ତ୍ତି ତମର ଜଠର, ଭାତ ନାଇଁ, ଅସ୍ତ୍ର ଧର
ତମ ଦେହରେ ଶହେ ଚାରି ଜର, ଔଷଧ ନାଇଁ, ବନ୍ଧୁକ ସଜ କର
ତମ ପୁଅ ଓ ଝିଅ ଡରି ମରନ୍ତି ବିସ୍ଫୋରଣକୁ
ସେମାନଂକ ହାତରେ ଦିଅ ବୋମାମାଡ ର କୌଶଳ।

ରକ୍ତର ବେପାର ସୀମା ଏପାଖେ ଯେତିକି, ଆରପାଖେ ବି ସେତିକି
ନିଆଁ କୁ ନେଇ ମଣିଷପୋଡି ର ଉତ୍ସବ, ହୃଦୟକୁ ହଲାଲ୍ କରି ଜଂଗଲୀ ନାଚର କିଳିକିଳା
ତମର ଯେତିକି, ଆମର ବି ସେତିକି
ମୃତ୍ୟୁକୁ ନେଇ ତୋପ ସଲାମୀ, ଫୁଲ ମାଳ ଓ ତତଲା ଶବ୍ଦର ଧୂଆଁଧାର
ଏଇ ଦେଶରେ ଯେତିକି, ସେଇ ଦେଶରେ ବି ସେତିକି।
କ୍ଷେତ ରେ ସୁନା ନୁହଁ, ଫଳିବ ଅନ୍ଧ ଆଖିର ଫସଲ
ସୀମାରେ ପାହାଡ କି ମରୁଭୂମି ନୁହଁ ଲମ୍ବିଥିବ ପଚାଶବର ଜଂଗଲ
ଗୋଟେ ମଲା ପୃଥିବୀର ଛେଉଣ୍ଡ ସୈନିକ ଆମେ
ଗୋଟେ ରକ୍ତଭିଜା ଆକାଶର ଅନ୍ଧ ବୈମାନିକ ଆମେ
ଡାକୁଛି ଦେଶ ନାୟକ, ଯୁଦ୍ଧକୁ ଯିବା ଚାଲ

ଜୀବନ ନୁହଁ, ଏବେ ଯୁଦ୍ଧରେ ଜୀବନ ଦେବାର ବେଳ
ଏବଂ ଶେଷକଥା –
ଆମରି ଯୁଦ୍ଧ ଦେଶ ନାୟକ ଲାଗି ଶକୁନିର ପଶାଖେଳ !!
ଏବେ ଯୁଦ୍ଧକୁ ଯିବାର ବେଳ!!

■

କରୁଣ ରସର କବିତା, କେବେ ନୁହଁ

ଛାତିର କଷ୍ଟକୁ ନେଇ ଯଦି ଧାଡ଼ିଏ କବିତା ଲେଖି ହୁଅନ୍ତା
ବୋଧ ହୁଏ ମୁଁ ସବୁଦିନ ଲାଗି ପାଲଟି ଯାଆନ୍ତି ପଥର
ଓ ମୋର ଛାତି ଚିରି ଝରି ଆସନ୍ତ ତୁମେ
କବିତାର ଅସରା ହାହାକାର।

ଯେମିତି ଜଗତଯାକର ନିଆଁ ଲାଗିଛି ମୋର ଛାତିରେ
ମାଇଲ ମାଇଲ ଲମ୍ବିଛି ପାଗଳ ବନାଗ୍ନି
ନା ବଂଚି ରହିଛି ହିମବାହ, ନା ବଳକା ଅଛି ଦେବ ଝରଣା କେରାଏ ବୋଲିର ପ୍ରବାହ
ମୋର ଦାବଦହନ ର ଏଇ ମାଂଗଳିକ ଲଗ୍ନରେ
ତୁମର ଉନ୍ମାଦ ପୀଡା ର ଶାହାନାଇ ଗୀତ
ମୋର ଛଟପଟ ଅନ୍ଧାର ଭିତରୁ ଶୁଭୁଛି ସୀତାର ରେ
ତମ କୁଶଳି ହାତର ରାଗ ପାହାଡିଆ କେଦାର।

ଜାଣିଛି, କୌଣସି ଗୀତ କେବେ ଯନ୍ତ୍ରଣା ହେଇ ପାରେନା
ଜାଣିଛି, କୌଣସି ଯନ୍ତ୍ରଣା ରେ ରହି ପାରେନା କବିତାର ଠିକଣା।

ମୋର ଯନ୍ତ୍ରଣା ରସ ହେଇ କେବେ ଯଦି ଝରି ଆସିବ କବିତା ରୁ
ମୁଁ ସେଦିନ ପଥର ହେଉ ହେଉ ପାଲଟି ଯିବି ଶାଳ ଗଛ
ଶାଳ ଗଛରୁ ଝୁଣା ଓ ଝୁଣା ବାସ୍ନା ରୁ ଶୂନ୍ୟ ଶୂନ୍ୟ ଅଶୂନ୍ୟ ଚନ୍ଦନବନ
ମୋର ଯନ୍ତ୍ରଣା କେବେ କିନ୍ତୁ କବିତା ହେବ ନାହିଁ
ସତ୍ୟ, ସତ୍ୟ, ତ୍ରୀବାର ସତ୍ୟ, ସତରେ ତମରି ରାଣ !!

■

ଘର ଓ ଘରଚଟିଆ

ଏଇ ଘର ଭିତରେ ଆଉ ଗୋଟେ ଘର ଥିଲା ଘରଚଟିଆର
ଘର ଚଟିଆ ର ନୀଡ ବଡ ବିପର୍ଯ୍ୟସ୍ତ, ମୋର ବି ସେମିତି।

ମୁଁ ଖେଳେଇ ଦେଇଥାଏ ଜୀବନକୁ ଘର ସାରା
ଏଇଠି ବହି, ସେଇଠି ଫୁଲଦାନୀ
ବେଡ ଉପରେ ମୋବାଇଲ ଓ ଅଧା ପିଆ ଚା' କପ
ଫ୍ୟାନ ଉପରେ ସାତ ବର୍ଷର ଧୂଳି
ଅପୂଜା ଠାକୁର ଘରେ ପ୍ରାଚୀନ ତାଳପତ୍ର ପୋଥିର ଗମରା ଗନ୍ଧ।

ଘର ଚଟିଆ କୁଟା ଖିଅ ବୋହି ଆଣୁଥାଏ ଦୂରରୁ
କାଟୁଥାଏ, ଯୋଡୁଥାଏ ଓ ଫୋପାଡୁଥାଏ
ସ୍ୱପ୍ନ ଓ ସଂସାର ଏମିତି ସବୁଦିନ ସବୁ ଜାଗାରେ ବିପର୍ଯ୍ୟସ୍ତ।

କେବେ ଦିନେ ଘର ଚଟିଆର ବସାରୁ ଖସିପଡେ ଗୋଟେ କୋମଳ
ଗୋଲାପୀ ମାଂସ ପିଣ୍ଡୁଳା
ତାକୁ ଘେରି ପିମ୍ପୁଡି ଓ ଅସରପା
ତାକୁ ଝାମ୍ପି ନେବାକୁ ତରକି ଠିଆ ହେଇଥାଏ ବିଲେଇ
ତାରି ଉପରେ ଚିଲ୍ଲେଇ ଚିଲ୍ଲେଇ ଚକ୍କର କାଟୁଥାଏ ଚଟିଆ।

କେବେ ଦିନେ ମୋର ଅସତର୍କ ହାତରୁ ଏମିତି ଖସି ଯାଇଥିଲା ସବୁଠୁ ସୁନ୍ଦର ଶବ୍ଦ
ଚିତ୍ର ପରି ଚମକୁଥିବା ଗୋଟେ ନିରାକାର ଭାବଲିପି
ତାକୁ ବୋହି ନେଇଗଲା ଶାଗୁଣା
ତାକୁ ଝୁଣି ଝୁଣି ଖାଇଲେ ଶୃଗାଳ ଓ କୁକୁର
ମୋ ଘର ଗୋଟେ ସୁନ୍ଦର ଶବ୍ଦର ଶ୍ମଶାନ।

ଏଇ ଘରେ ଯେତିକି ପ୍ରବାସୀ ମୁଁ, ସେତିକି ଉଦବାସ୍ତୁ ଏଇ ଘର ଚଟିଆର ଜୀବନ।

ଦହନକୁ ନେଇ ବାସ୍ନା ର କବିତା

ଜଳୁନି, କିଛି ଗୋଟାଏ ଫୁଟୁଛି
ନିଆଁ ପରି ନୁହଁ ଏ ଜ୍ୱଳନ
ଫୁଲ ପରି ନୁହଁ ବି ଏ ପ୍ରସ୍ଫୁଟନ
ତେବେ ନଈ ଭିତରେ କଳା ଘୁମର ଏ ଆଗ୍ନେୟଗିରି
ସୁତୀବ୍ର ଯାର ଜ୍ୱଳନ
ମୋହାବିଷ୍ଟ ଯାର ବିକଚନ ?

ଧିରେ ଧିରେ ପାଖୁଡା ମେଲୁଛି ଶୂନ୍ୟତା
ଧିରେ ଧିରେ କଡ ଲେଉଟାଉଛି ବିରହ
ଧିରେ ଧିରେ ରକ୍ତରେ ବାଜୁଛି ପାଉଁଜି ଚାଲିବାର ତରାନା
ଧିରେ ଧିରେ କାକରଭିଜା ରଜନିଗନ୍ଧା ପରି ସତେଜ ମୋର ଯନ୍ତ୍ରଣା ?

ସ୍ୱପ୍ନରୁ ଓହ୍ଲାଇ ଆସୁଛି ଗତ ରାତିର କଳ୍ପନା
ଏବେ ମଳିନ ତାର ଦେହ ଓ ଫୁଲ ଶେଯ
ପୂର୍ବାଶାରେ ପହଂଚି ଯାଉଛି ଲାଲ୍ ଅଂଗାରର ସକାଳ
ଏବେ ମହ ମହ ଓ ମାଦକିତ ତାର ବୈଦୁର୍ଯ୍ୟ
ଗୋଟେ ଅଦ୍ଭୁତ ଦୋଛକିରେ ଠିଆ ହୋଇଛି
ମୁଁ ପୁରୁଣା ଗୀତର ଫୁଲ ରସିଆ
ଫୁଲେ ଫୁଲେ ମୋର ଦହନ
ଫୁଟି ଗଲା
ପରେ ମହ ମହ ମୋର ମରଣ ?।

■

ଦେଶଦ୍ରୋହୀର ଜାତୀୟ ସଂଗୀତ

କେବେ ଯଦି ଦେଶ ଖୋଜିବାକୁ ବାହାରିଛି
ମୋ ପାଦ ଆପେ ଆପେ
ଟାଣି ନେଉଛି ମୋତେ ଦାଦ୍ରୀ ବୋଲି ଗୋଟେ ଗାଁକୁ।

ଦାଦ୍ରୀ ଗୋଟେ ଗାଁ ନୁହଁ; ରକ୍ତରେ ଅଂକା ଗୋଟେ ଦେଶ
ଦାଦ୍ରୀ ଗୋଟେ ସମ୍ବାଦ ନୁହଁ, ପୃଥିବୀରୁ ମଣିଷ ଲୋପ ପାଇ ଯାଉଥିବାର
ଗୋଟେ ପାଗଳ ସନ୍ଦେଶ
ଦାଦ୍ରୀ ଚେନାଏ ଆକାଶ ତଳର ଭୂମି ନୁହଁ , ଶବ ଉପରେ ପଶା ଖେଳୁ ଖେଳୁ
ହାରି ଯାଉଥିବା ଜୁଆରୀ ର ପଳାତକ ହସ।

ମୋର ଶାସନ ଓ ସମ୍ବିଧାନ ଏଇ ଗାଁରେ ଗୋଟେ ରକ୍ତମଖା କାନ୍ଥ
ମୋର ଦେଶ ଏଇ ଗାଁ ରେ ଗୋଟେ ଘୃଣାର ଉପତ୍ୟକା
ମୋର ପତାକାରେ ଗୋଟିଏ ବୋଲି ରଂଗ
ଯାହାକୁ ବୋହି ବୋହି କ୍ଷତାକ୍ତ ମୋର ଅହମିକା।

ଆଜି ଏଇଠି ପରୀକ୍ଷା ହେବ ମୋର ଦେଶପ୍ରେମ
ମୋତେ ପଚରାହେବ –
କଣ ଖାଇଛୁ କହବେ' ହାରାମଜାଦା
ମୋର ପାଟି ଖୋଲି ପେଟ ଯାଏ ଖୋଜାଯିବ ମୋର ଦେଶପ୍ରେମ
ମୋର ଧର୍ମ ଓ ଧର୍ମ ଶାସ୍ତ୍ର
ମୋର ଚୁଲି ଓ ଚାଉଳ
ମୋର ବାପା ଦେଇଥିବା ନାଁ ଓ ସରକାରୀ ପରିଚୟ ପତ୍ର
ସବୁ କିଛି ଭାସିଯିବ ରକ୍ତର ନଦୀରେ
ଦେଶପ୍ରେମ ସାବିତ୍ କରିବାକୁ ମୋତେ ମଗାଯିବ-
ଦେ' ଦେ' ତୋର ଜିଭ ଓ ଆଖି
ଦେ' ଦେ' ତୋର ଚିନ୍ତା ଓ ମସ୍ତକ

ଦେ' ଦେ' ପତାକା ଉତ୍ତୋଳନ ଲାଗି
ତୋର କଟା ମୁଣ୍ଡ
ମୋର ଖପୁରୀ ଉପରେ ଉଡିବ ଫର ଫର ଦେଶପ୍ରେମର ନେତ।

ତମର ଦେଶପ୍ରେମର ପ୍ରମାଣପତ୍ର ଝୁଲିବ ମୋର ରକ୍ତ ଝରା ଛାତିରେ
ମୁଁ ରକ୍ତବାନ୍ତି କଲାବେଳେ ମୋର ଗାଁ ଦାଣ୍ଡରେ ତମ ଗୋଇଠା ମାଡରେ
ମୁଁ ଦେଉଥିବି ମୋର ଦେଶଦ୍ରୋହୀ ହେବାର ପ୍ରମାଣ
ଆଉ ତମେ ତମର ଘୃଣାର ମୁକୁଟ ପିନ୍ଧି
ମୋତେ ଶୁଣାଉଥିବ ମଣିଷ ନଥିବା ଦେଶର
ପ୍ରାଣହୀନ ଜାତୀୟ ସଂଗୀତ।

ଏବେ ନୁଆ ଇତିହାସ ବହିରେ ଲେଖାଯିବ
ଦେଶ ବୋଇଲେ ମଣିଷର ଶବ ଉପରେ ଖୋଳା ହୋଇଥିବା
ଗୋଟେ ଅସ୍ଥିର ରକ୍ତଚିତ୍ର।

■

ନିଜ ପାଇଁ ଏକ ଚିଠି

ନିଜ ଠିକଣା ରେ ନିଜକୁ ଚିଠି ଲେଖି
ମୁଁ ପଠେଇଦିଏ ନିଜ ପାଖକୁ
ଗୋଟେ କଳା କପଡାର ସୂର୍ଯୋଦୟ, ପାଣି ଗଳୁଥିବା ଗୋଟେ ମଂଗଳ କଳସ
ଓ ଯୁଦ୍ଧଭୂମି ରେ ମରଣମୁଖୀ ଗୋଟେ ନଈ ।

ଧୀରେ ଧୀରେ ଚାଲିବାକୁ ଆରମ୍ଭ କରେ କାଳ କାଳରୁ ଅଥର୍ବ ମୋର ଆୟୁଷ
ପକ୍ଷୀକୁ ଭେଟେ ଡାଳରେ, ତାକୁ ପଚାରେ କେମିତି ଦିଶେ ପ୍ରେମରେ ପଡିଥିବା ଆକାଶ
ମାଟି ତଳୁ ସଲବଲ୍ ଜିଆ କୁ ପଚାରେ ପୃଥିବୀର ପୁରୁଣା କ୍ଷତ କଥା
କୋଳି ଗଛକୁ ପଚାରେ ଦୁଃଖର ସୁଆଦ ଓ ମହୁମାଛିକୁ ମାଗେ କାଠୁଆ ଫୁଲର ସନ୍ଦେଶ
ଆସ୍ତେ ଆସ୍ତେ ମୁଁ ପାଲଟି ଯାଏ ରାସ୍ତାରେ ଚଳ ପ୍ରଚଳ ଏକ ଆଲମାରୀ
ମୋ ଭିତରେ ଥାକ ଥାକ ଆକାଶ, ପାତାଳ ଓ ପୃଥିବୀ ।

ମୁଁ ଭାବେ, ଏ ପୃଥିବୀ ଏମିତି ହେବାର ନଥିଲା
ଏମିତି ଗୁମ୍ ମାରି ବସିବାର ନଥିଲା ଏ ଆକାଶ
ମୋର ଇଚ୍ଛା ଅନୁସାରେ ପାତାଳ ଆଡକୁ ଯାଇଥାଂତା ଆକାଶରୁ
ଓହ୍ଲେଇ ଆସିଥିବା ନଦୀ
ମୋର ଇ ହେବାର ଥିଲା ଜଗତ ଓ ଜଗତ ସେପାଖର ଦୃଶ୍ୟ ଅଦୃଶ୍ୟ ଛବି ।

ନିଜେ ନିଜ ଲାଗି ମୁଁ ତିଆରି ଥିଲି ଗୋଟେ ପ୍ରେମ କାହାଣୀ
ସେ କାହାଣୀ ରେ ମୁଁ ତମକୁ ଚୋରେଇ ଆଣିଥିଲି ପବନରୁ
ତମେ ପବନର ପାତଳ ଅନ୍ଧାରରେ ପାହାଡି ରାଗର ମୂର୍ଚ୍ଛନା
ତମକୁ ଘୋଡା ପିଠିରେ ବସେଇ ମୁଁ ଉଡି ଯାଉଥିଲି ଆକାଶକୁ
ବେଳେ ବେଳେ ତମକୁ ମୁଁ ଫୁଟେଇ ଦେଉଥିଲି ଇନ୍ଦ୍ରସଭାରେ ପାରିଜାତ ପରି ।

ସେ ପ୍ରେମ କାହାଣୀରେ ଆମର ଚେହେରା ସମାନ
ତମ ହାତର ଚୁଡି ଓ ମୋ ହାତରେ ମଲ୍ଲୀ ମାଳ

ତମ ଓଠରେ ମହୁର ଝରଣା ଓ ମୋ ଗାଲରେ ଇନ୍ଦ୍ରଧନୁର ଡେଣା
ଆମେ ପ୍ରେମ କରୁ କରୁ ହଲେ ମେଘ ହୋଇ ବର୍ଷି ଯାଉଥିଲେ ମାଟିରେ
ଓ ମିଳେଇ ଯାଉଥିଲେ ମାଟିରେ।

ଏବେ ଜାଣୁଛି, ସେ କାହାଣୀରେ ତମେ ଥିଲ, ମୁଁ କିନ୍ତୁ କେଉଁଠି ନଥିଲି
ସେ କାହାଣୀ ଯେତିକି ସତ ଥିଲା, ତା ଠୁ ବେଶୀ ମିଛରେ ମଜ୍ଜି ଥିଲି।
ଆଜି ସେ କାହାଣୀ ଲେଖୁଛି ଏଇ ଚିଠିରେ
ଲେଖୁଛି ରକ୍ତକୁ ମିଶେଇ ପାଣିରେ
ପାଣିକୁ ଘୋରିଛି ଜଳ ଧାରାରେ
ଜଳଧାରକୁ ଦର୍ପଣ ଦେଖେଇଛି ଶୂନ୍ୟରେ
ଦେଖେ, କେବେ ଆସି ପହଂଚୁଛି ମୋର ଚିଠି, ମୋରି ଠିକଣାରେ !!

■

ନିର୍ମମ ବାସ୍ନାର କବିତା

ବାସ୍ନା ଅଛି ପ୍ରଜାପତି ନାହିଁ
ବଗିଚା ଅଛି ବସନ୍ତର ଖୋଜ୍ ଖବର ନାହିଁ।

ବନ୍ଧୁକର ବୟୋନେଟ୍‌ରେ ବସି ଯୁଦ୍ଧଭୂମି ସାରା ଖେଳୁଛି ପ୍ରଜାପତି
ଆଉ କବିତାରେ ପ୍ରଜାପତିର ଡେଣା ଉଡେଇ ଗୀତ କାଟୁଛି କବିଆଳ।

ଶୁଣ, ତମ ସହରରେ ଯଦି କେବେ ବସନ୍ତ ବୋଲି ଋତୁଟିଏ ଥିଲା
ସେଟା କେବଳ ବାରୁଦର ଭ୍ରମ
ତମେ ଯଦି କୋଇଲିର ଗୀତ ଶୁଣିଥିଲ କେଉଁ ଆମ୍ବ ଗଛରେ
ସେଇଟା ତୁଚ୍ଛା ବିଳାପ ଥିଲା ସେଇ ସମୟର।

ଯେତେ ଥର ଗୁଳି ଫୁଟିଛି ବନ୍ଧୁକରୁ ସେତେଥର ପ୍ରଜାପତି ଉଡି ଯାଇଛି
ଆଉ ଏକ ନୂଆ ବାୟୋନେଟ୍‌ର ସନ୍ଧାନରେ
ଯେମିତି ବସନ୍ତ ଋତୁ ଖୋଜୁଛି ନୂଆ ନୂଆ ଦେଶ
କବିତାରେ ବି ବଦଳି ଯାଉଛି ବାରମ୍ବାର ବାସ୍ନା ର ମାନଚିତ୍ର।

କାଲି ଦିନ ସାରା ଗୋଟେ ଆଛନ୍ନ ବାସ୍ନା ତମ ଦେହର
ସେ ଦେହ ଗୋଟେ ଦେଶ କି ଦ୍ୱୀପ କି ବନସ୍ତ
ସେ ବାସ୍ନା ଗୋଟେ ରାଗ କି ଋତୁ କି ରକ୍ତ ଚିତ୍ର
ଏବେ ମୋର ଦେହସାରା କେବଳ ତୋପ, ଗର୍ଜୁଛି ବନ୍ଧୁକ।

ତମ ବାସ୍ନାର ସମୁଦ୍ର ରେ ଆଜି ଗୋଟେ ଆହତ ଜଳଦସ୍ୟୁ ମୁଁ
ଏତିକି ବୋଲି ତୁମର ଓ ମୋର ସମ୍ପର୍କ।

■

ଭଂଗା ଦର୍ପଣରେ ତଥାପି ଏକ କାହାଣୀ

ଜାଣିଛ, ଯେଉଁ କାଚର ଆକାଶ ତମେ ଭାଂଗି ଦେଇଥିଲ ଅଭିମାନରେ
ସେ ଆକାଶରେ ଛୋଟିଆ ତାରାଟିଏ ବି ଥିଲା
ସେ ବି ଭାଂଗିଗଲା ।

ଦର୍ପଣ ସବୁବେଳେ ଆଲିଂଗୀ ନେଉଥିଲା ତମକୁ
ତମେ ଓ ଦର୍ପଣ ଯେମିତି ଏକାକାର
ତମକୁ ଡାକିଲେ ଦର୍ପଣ ଶୁଣୁଥିଲା ଓ ତମେ ମୋତେ ଦେଖୁଥିଲ
ଠିକ ଦର୍ପଣ ପରି ।

ସେଇ ଦର୍ପଣ ଆଗରେ ତମେ ଗଢିଲ ଗୋଟେ ବାଲିଘର
ପ୍ରତିବିମ୍ବରେ ସଜାଡିଲ ତମର ଭୋର୍ ବେଳା
ତମେ ଦର୍ପଣ ଧରି ଠିଆ ହେଲ
ଗୋଟେ ପୁରୁଣା ମନ୍ଦିରର କାନ୍ଥରେ ।

ମୁଁ ତମକୁ ଭଲ ପାଇଲା ବେଳକୁ ତମେ
ଦର୍ପଣୀ ହୋଇ ଗୀତ ଗାଉଥିଲ କୋଣାର୍କରେ

ଭଂଗା ଦର୍ପଣର ଏଇ ପ୍ରେମ କାହାଣୀ
ମାୟା ହୋଇ ଘୂରିବୁଲୁଥିଲା କାଚରେ
କେବେ କେବେ ପଥରର ସୁଦୃଶ୍ୟ ଦେଉଳଟିଏ
ବଂଗୋପ ସାଗରର ବେଳାରେ ।

■

ମାଁ

ମୁଁ ତୋତେ ଅନେକ ସମୟରେ ଭୁଲି ଯାଏ
ଯେମିତି ଭୁଲିଯାଏ ମୋ ଶ୍ୱାସ ପ୍ରଶ୍ୱାସକୁ,
ଯେମିତି ଭୁଲିଯାଏ
ମୋ ଶୀରା ପ୍ରଶୀରାରେ ବୋହୁଥିବା ରକ୍ତ ପ୍ରବାହକୁ
ବାରମ୍ବାର ଭୁଲିଯାଏ ବୋଲି
ମୁଁ ତୋତେ ଇ ଭଲ ପାଉଥାଏ ।

ମୁଁ ଯେମିତି ସବୁଦିନ ଗୋଟେ ସାନ ପିଲା
ଡରୁଥାଏ ଅନ୍ଧାରକୁ, ଅଚିହ୍ନା ଲୋକଂକୁ
ବାଟ ଭୁଲିଯାଏ ଗହଳିରେ, ମାଛି ଅନ୍ଧାରରେ
ସବୁବେଳେ ମୋର ଅସ୍ତିତ୍ୱ ତୋ କାନିରେ ଗଂଠିଟିଏ
ଅବା ତୋର ପୂଜା ଡାଲାରେ ଦୁବପତ୍ର କେରାଏ ।

ମୋତେ ଲଗେଇ ଆସେନି କୁର୍ତାର ବୋତାମ
ସିଲେଇ କରି ଆସେନି ଦଦରା ଛାତିର ଯନ୍ତ୍ରଣାକୁ
ମୋତେ ଲାଗେ, ସବୁବେଳେ ତୁ ତ ଅଛୁ ମୋର ସବୁକିଛି ସାଇତି ରଖିବାକୁ ।

ତୁ ଅଛୁ ବୋଲି ମୁଁ ଅଛି.
ଯେମିତି ମାଟିରେ ଗଜା ମେଲେଇଛି ବିହନ
ଯେମିତି ଅସରନ୍ତି ସମୁଦ୍ରରେ ଦୁଷ୍ଟ କୁନି ମାଛ ମୁଁ
ସାରା ସାରା ସମୁଦ୍ର ପହଁରୁଛି
ତୁ ଅଛୁ ବୋଲି ମୋର ପୃଥିବୀ ଘୂରୁଛି
ତୁ ଅଛୁ ବୋଲି ଏ ପୃଥିବୀ ରେ କେହିଜଣେ ଇଶ୍ୱର ଅଛି ବୋଲି ମୁଁ ବିଶ୍ୱାସ କରୁଛି ।

ସଂକ୍ଷେପରେ କେଦାର ମିଶ୍ର

ସମକାଳୀନ ଓଡିଆ କବିତାର ଏକ ପ୍ରତିଷ୍ଠିତ ଓ ପ୍ରଭାବଶାଳୀ ସ୍ୱର।

କବିତା ସହିତ ଗଦ୍ୟ ରଚନା, ଗବେଷଣା, କଳା ସମୀକ୍ଷା ଓ ସାମ୍ବାଦିକତା, ମାନବିକ ଅଧିକାର ଇତ୍ୟାଦି କ୍ଷେତ୍ରରେ ତାଂକର ଉଲ୍ଲେଖନୀୟ ଅବଦାନ ରହିଛି।

ଜନ୍ମ ସୋନପୁର ସହରରେ, ୧୫ ଏପ୍ରିଲ୍, ୧୯୭୨ ମସିହାରେ।

ବାପା ସ୍ୱର୍ଗତ ଶମ୍ଭୁ ପ୍ରସାଦ ମିଶ୍ର ଓ ମାଁ ଶାନ୍ତି ମିଶ୍ର।

୧୯୮୭ ରେ ତାଂକର ପ୍ରଥମ କବିତା ପ୍ରକାଶ ପାଇଥିଲା।

କବିତା ସଂକଳନ – ଶବ୍ଦକୁ ଚାରିପାଦ (୨୦୦୦), ଅଶା ସୂକ୍ତ (୨୦୦୦), ଶୂନ୍ୟ ଅଭିସାର (୨୦୦୩), ରାଗ କେଦାର (୨୦୦୮), ପ୍ରେମର ଦୂର ଗୀତ (୨୦୧୩)

ଗଦ୍ୟ ସଂକଳନ – ବାଗ୍ ବିଶେଷ (୨୦୦୮), ଶେଷ ସ୍ପର୍ଶ (୨୦୧୩)

ଇଂରାଜୀ ରଚନା- Popular Religion and Ascetic Practices; New Studies on Mahima Dharma,(2008) Bhima Bhoi, Verses from the Void,(2010) Kandhamal Riot and the Role of Mass Media, (2008), Folk Dances of Odisha (2015)

ସମ୍ପାଦନା- ଉଦୟରାଗ, ସମକାଳୀନ ଓଡିଆ କବିତା (୨୦୧୦-୨୦୧୨), ସଚିତ୍ର ବିଜୟା (ମାସିକ ପତ୍ରିକା ୨୦୧୦-୨୦୧୪), ସୌରଭ (ଅନୁପମ ଭାରତ ସମ୍ବାଦପତ୍ରର ସାପ୍ତାହିକ ସାହିତ୍ୟ ପୃଷ୍ଠା ୨୦୦୫-୨୦୧୪), ସଂଚାର ସାହିତ୍ୟ ପୃଷ୍ଠା (୨୦୧୫ -୨୦୧୮)

ପୁରଷ୍କାର ଓ ସମ୍ମାନ – ପ୍ରଫୁଲ୍ଲ ମହାକୁଳ କବିତା ପୁରଷ୍କାର-୧୯୯୪, ଅଂକୁର କବିତା ପୁରଷ୍କାର-୧୯୯୭, ସଚି ରାଉତରାୟ ନବ ପର୍ବ କବିତା ପୁରଷ୍କାର, ଉତ୍କଳ ସାହିତ୍ୟ ସମାଜର ଯୁବ କବି ପୁରଷ୍କାର, ଅଭିନନ୍ଦନିକା ସମ୍ମାନ, ସ୍ୱର ଓ ସ୍ୱାକ୍ଷର କବିତା ପୁରଷ୍କାର, ସଂସ୍କୃତି ମିତ୍ର ପୁରଷ୍କାର, ସମଦୃଷ୍ଟି ଲେଖକ ପୁରଷ୍କାର, ସିଂଧୁଜା ସମ୍ମାନ, ପକ୍ଷୀଘର ଲେଖକ ସମ୍ମାନ, ଅଳକା ଯୁବ କବି ପୁରଷ୍କାର, ଅବନୀ ବରାଳ ସ୍ମୃତି ସମ୍ମାନ, କଳିଙ୍ଗ ଯୁବ ସାହିତ୍ୟ ପୁରସ୍କାର ଓ ଆହୁରି ଅନେକ।

ଅନୁବାଦ- ଅନେକ କବିତା ଜର୍ମାନ, ଇଂରାଜୀ, ଋଷିଆନ, ସ୍ପାନିଶ୍, ବଂଗଳା, ହିନ୍ଦୀ, ନେପାଳୀ, ମାଲାୟଲମ୍, ଅହମିୟା, ତାମିଲ୍ ଓ ଅନ୍ୟାନ୍ୟ ଭାରତୀୟ ଭାଷାରେ ଅନୁଦିତ।

www.ingramcontent.com/pod-product-compliance
Lightning Source LLC
Chambersburg PA
CBHW021127080526
44587CB00012B/1174
9781645601210